Lermontow · Gedichte

Michail Lermontow
Gedichte

Russisch / Deutsch

Übersetzt von Kay Borowsky
und Rudolf Pollach

Anmerkungen von Kay Borowsky

Nachwort von
Johanna Renate Döring-Smirnov

Philipp Reclam jun. Stuttgart

Der russische Text folgt der Ausgabe:

M. Ju. Lermontov: Sobranie sočinenij v četyrech tomach.
Moskau: Chudožestvennaja literatura, 1975.

Die Übersetzer danken Frau Jelena Gratschowa, St. Petersburg,
für wertvolle sprachliche und interpretatorische Hilfen.

Universal-Bibliothek Nr. 3051
Alle Rechte vorbehalten
© 2000 Philipp Reclam jun. GmbH & Co., Stuttgart
Umschlagabbildung: Michail Lermontow
Porträt von S. K. Sarjanko, 1842 (?)
Satz: Utesch GmbH, Hamburg
Druck und Bindung: Reclam, Ditzingen. Printed in Germany 2000
RECLAM und UNIVERSAL-BIBLIOTHEK sind eingetragene Marken
der Philipp Reclam jun. GmbH & Co., Stuttgart
ISBN 3-15-003051-X

Inhalt

Мой Демон

Собранье зол его стихия.
Носясь меж дымных облаков
Он любит бури роковые,
И пену рек, и шум дубров.
Меж листьев желтых, облетевших,
Стоит его недвижный трон;
На нем, средь ветров онемевших,
Сидит уныл и мрачен он.
Он недоверчивость вселяет,
Он презрел чистую любовь,
Он все моленья отвергает,
Он равнодушно видит кровь,
И звук высоких ощущений
Он давит голосом страстей,
И муза кротких вдохновений
Страшится неземных очей.

1829

Mein Dämon

Eine Ansammlung von Asche ist sein Element. / Zwischen rauchigen Wolken dahintreibend, / liebt er schicksalhafte Stürme, den Schaum der Flüsse und das Rauschen dichter Wälder. / In gelben, abgefallenen Blättern / steht sein regloser Thron; / auf ihm, zwischen erstorbenen Winden, / sitzt er finster und verzagt. / Er flößt Mißtrauen ein, / die reine Liebe hat er verachtet, / jegliche Gebete verwirft er, / gleichgültig blickt er auf Blut, / den Klang hoher Empfindungen / erstickt er mit der Stimme der Leidenschaften, / und die Muse sanfter Eingebung / ängstigt sich vor seinen unirdischen Augen.

B[1]

1 *B:* Übersetzung von Kay Borowsky; *P:* Übersetzung von Rudolf Pollach.

Элегия

О! Если б дни мои текли
На лоне сладостном покоя и забвенья,
Свободно от сует земли
И далеко от светского волненья,
Когда бы, усмиря мое воображенье,
Мной игры младости любимы быть могли,
Тогда б я был с весельем неразлучен,
Тогда б я, верно, не искал
Ни наслаждения, ни славы, ни похвал.
Но для меня весь мир и пуст и скучен,
Любовь невинная не льстит душе моей:
Ищу измен и новых чувствований,
Которые живят хоть колкостью своей
Мне кровь, угасшую от грусти, от страданий,
От преждевременных страстей!..

1829

Elegie

Oh, wenn meine Tage dahinflössen / im süßen Schoß der Ruhe und des Vergessens, / frei von den Eitelkeiten der Erde / und fern vom weltlichen Getriebe, / wenn, meine Phantasie besänftigend, / die Spiele der Jugend von mir geliebt werden könnten, / dann wäre ich von der Freude unzertrennlich, / dann würde ich sicherlich / weder Genuß noch Ruhm, noch Lobpreisungen suchen. / Aber für mich ist die ganze Welt leer und langweilig, / unschuldige Liebe schmeichelt meiner Seele nicht: / Ich suche Betrug und neue Empfindungen, / die mir, wenn auch nur durch ihre Boshaftigkeit, das Blut beleben, / das von Trauer, von Leiden, / von vorzeitigen Leidenschaften erloschen ist! …

P

Кавказ

Хотя я судьбой на заре моих дней,
О южные горы, отторгнут от вас,
Чтоб вечно их помнить, там надо быть раз:
Как сладкую песню отчизны моей,
  Люблю я Кавказ.

В младенческих летах я мать потерял.
Но мнилось, что в розовый вечера час
Та степь повторяла мне памятный глас.
За это люблю я вершины тех скал,
  Люблю я Кавказ.

Я счастлив был с вами, ущелия гор,
Пять лет пронеслось: все тоскую по вас.
Там видел я пару божественных глаз;
И сердце лепечет, воспомня тот взор:
  Люблю я Кавказ!..

1830

Der Kaukasus

Obwohl ich vom Schicksal in der Morgenröte meiner Tage /
von euch weggerissen war, o südliche Berge, / braucht man
nur einmal dort gewesen zu sein, um sich ewig an euch zu
erinnern: / Wie ein süßes Lied meines Vaterlandes / liebe
ich den Kaukasus.

In Kinderjahren verlor ich die Mutter. / Aber es kam mir so
vor, daß in rosiger Abendstunde / jene Steppe mir die der
Erinnerung teure Stimme wiederholte. / Dafür liebe ich die
Gipfel jener Felsen, / liebe ich den Kaukasus.

Ich war glücklich mit euch, Bergesschluchten; / fünf Jahre
sind im Flug vergangen: immer trauere ich um euch. / Dort
sah ich ein Paar göttlicher Augen; / und das Herz stammelt,
wenn es sich an jenen Blick erinnert: / Ich liebe den Kau-
kasus.

P

Опасение

Страшись любви: она пройдет,
Она мечтой твой ум встревожит,
Тоска по ней тебя убьет,
Ничто воскреснуть не поможет.

Краса, любимая тобой,
Тебе отдаст, положим, руку...
Года мелькнут... летун седой
Укажет вечную разлуку...

И беден, жалок будешь ты,
Глядящий с кресел иль подушки
На безобразные черты
Твоей докучливой старушки.

Коль мысли о былых летах
В твой ум закрадутся порою
И вспомнишь, как на сих щеках
Играло жизнью молодою...

Без друга лучше дни влачить
И к смерти радостней клониться,
Чем два удара выносить
И сердцем о двоих крушиться!..

1830

Befürchtung

Fürchte die Liebe: Sie geht vorbei, / als ein Gebilde der Phantasie beunruhigt sie deinen Geist, / die Sehnsucht nach ihr tötet dich, / nichts wird dir zu einer Wiedergeburt verhelfen.

Nehmen wir an, die von dir / geliebte Schönheit reicht dir die Hand ... / Die Jahre vergehn ... die graue Zeit / weist auf die ewige Trennung ...

Und arm, beklagenswert wirst du sein, / schaust du aus dem Sessel oder vom Kissen her / auf die ausdruckslosen Gesichtszüge / deiner lästigen Alten,

wenn die Gedanken an frühere Jahre / sich bisweilen in deinen Geist schleichen / und du dich erinnerst, wie diese Wangen / das junge Leben umspielte ...

Besser, ohne Freundin seine Tage hinbringen / und freudiger sich dem Tode zuneigen, / als zwei Schläge zu ertragen / und im Herzen sich über zwei Menschen zu grämen!

B

Одиночество

Как страшно жизни сей оковы
Нам в одиночестве влачить.
Делить веселье все готовы –
Никто не хочет грусть делить.
Один я здесь, как царь воздушный,
Страданья в сердце стеснены,
И вижу, как, судьбе послушно,
Года уходят, будто сны;
И вновь приходят с позлащенной,
Но той же старою мечтой,
И вижу гроб уединенный,
Он ждет; что ж медлить над землей?
Никто о том не покрушится,
И будут (я уверен в том)
О смерти больше веселиться,
Чем о рождении моем …

1830

Einsamkeit

Wie schrecklich ist es, die Fesseln dieses Lebens / in der Einsamkeit mit sich zu schleppen. / Die Fröhlichkeit zu teilen sind alle bereit – / die Trauer teilen will keiner. / Allein bin ich hier, wie der Herrscher der Lüfte, / die Leiden drängen sich im Herzen, / und ich sehe, wie, dem Schicksal gehorsam, / die Jahre dahingehn wie Träume; / und sie kehren zurück mit der golden schimmernden, / doch gleichen alten Phantasie; / und ich sehe ein einsames Grab, / es wartet; wozu säumen über der Erde? / Niemand wird sich darüber grämen, / und man wird sich (davon bin ich überzeugt) / mehr über meinen Tod freuen / als über meine Geburt.

B

Утро на Кавказе

Светает – вьется дикой пеленой
Вокруг лесистых гор туман ночной;
Еще у ног Кавказа тишина;
Молчит табун, река журчит одна.
Вот на скале новорожденный луч
Зарделся вдруг, прорезавшись меж туч,
И розовый по речке и шатрам
Разлился блеск, и светит там и там:
Так девушки, купаяся в тени,
Когда увидят юношу они,
Краснеют все, к земле склоняют взор:
Но как бежать, коль близок милый вор!..

1830

Morgen im Kaukasus

Es tagt – als wilder Schleier windet sich / der nächtliche Nebel um die waldbedeckten Berge; / am Fuß des Kaukasus herrscht noch Stille; / die Herde schweigt, nur der Fluß murmelt. / Da plötzlich, durch die Wolken brechend, schimmert rot / ein neugeborener Strahl auf dem Fels, / und rosafarben auf Fluß und Zelte / ergießt sich der Glanz, und es leuchtet da und dort. / So erröten die Mädchen alle und senken den Blick zur Erde, / wenn sie, im Schatten badend, / den Jüngling erblicken: / Wie kann man denn fortlaufen, wenn der geliebte Dieb nah ist! …

B

Ночь. III

Темно. Всё спит. Лишь только жук ночной
Жужжа в долине пролетит порой;
Из-под травы блистает червячок,
От наших дум, от наших бурь далек.
Высоких лип стал пасмурней навес,
Когда луна взошла среди небес …
Нет, в первый раз прелестна так она!
Он здесь. Стоит. Как мрамор, у окна.
Тень от него чернеет по стене.
Недвижный взор поднят, но не к луне;
Он полон всем, чем только яд страстей
Ужасен был и мил сердцам людей.
Свеча горит, забыта на столе,
И блеск ее с лучом луны в стекле
Мешается, играет, как любви
Огонь живой с презрением в крови!
Кто ж *он*? кто ж он, сей нарушитель сна?
Чем эта грудь мятежная полна?
О если б вы умели угадать
В его очах, что хочет он скрывать!
О если б мог единый бедный друг
Хотя смягчить души его недуг!

1830

Dunkel. Alles schläft. Nur ein nächtlicher Käfer / fliegt bisweilen summend im Tal vorbei; / aus dem Gras glüht ein Würmchen hervor, / fern von unseren Gedanken, von unseren Stürmen. / Der Schutzschirm der hohen Linden wurde düstrer, / als der Mond am Himmel aufging … / Nein, zum ersten Mal ist er so wunderbar! / *Er* ist hier. Steht da. Wie Marmor, am Fenster. / Sein Schatten zeichnet sich schwarz auf der Wand ab. / Sein unbeweglicher Blick geht nach oben, aber nicht zum Mond; / er ist erfüllt von all dem, womit das Gift der Leidenschaften / den Herzen der Menschen je schrecklich und lieb gewesen ist. / Die Kerze brennt, vergessen auf dem Tisch, / und ihr Glanz vermischt sich mit dem Strahl des Mondes / auf der Fensterscheibe, spielt, wie der Liebe / lebendiges Feuer mit der Verachtung im Blut! / Wer ist *er*? wer ist dieser Störer des Schlafs? / Womit ist diese aufrührerische Brust erfüllt? / Ach, könntet Ihr an seinen Augen erraten, / was er zu verbergen trachtet! / Ach, könnte doch ein einziger armer Freund / das Leiden seiner Seele wenigstens lindern!

B

Посвящение

Тебе я некогда вверял
Души взволнованной мечты;
Я беден был – ты это знал –
И бедняка не кинул ты.

Ты примирил меня с судьбой,
С мятежной властию страстей;
Тобой, единственно тобой,
Я стал, чем был с давнишних дней.

И муза по моей мольбе
Сошла опять с святой горы. –
Но верь, принадлежат тебе
Ее венок, ее дары!..

1830

Widmung

Dir vertraute ich einst / den erregten Traum meiner Seele an; / ich war arm – du wußtest es / und hast den Armen nicht abgewiesen.

Du hast mich mit dem Schicksal versöhnt, / mit der stürmischen Macht der Leidenschaften; / durch dich, einzig durch dich / wurde ich, was ich seit jenen fernen Tagen war.

Und auf mein Flehen hin kam / die Muse wieder herab vom heiligen Berg. – / Doch glaube mir, dir gehören / ihr Kranz, ihre Gaben! …

B

Гость

Как прошлец иноплеменный,
В облаках луна скользит.
Колокольчик отдаленный
То замолкнет, то звенит.
«Что за гость в ночи морозной?»
Мужу говорит жена,
Сидя рядом, в вечер поздный
Возле тусклого окна …

Вот кибитка подъезжает …
На высокое крыльцо
Из кибитки вылезает
Незнакомое лицо.
И слуга вошел с свечою,
Бедный вслед за ним монах:
Ныне позднею порою
Заплутался он в лесах.

И ему ночлег дается –
Что ж стоишь, отшельник, ты?
Свечки луч печально льется
На печальные черты.
Чудным взор огнем светился,
Он хозяйку вдруг узнал,
Он дрожит – и вот забылся
И к ногам ее упал.

Муж ушел тогда. О! прежде
Жил чернец лишь для нее,
Обманулся он в надежде,
Погубил он с нею всё.

Der Gast

Wie der Bösewicht eines fremden Stammes, / so gleitet der Mond durch die Wolken. / Ein fernes Glöckchen / verstummt und klingt aufs neue. / »Was ist das für ein Gast in dieser eiskalten Nacht?« / sagt zu ihrem Mann die Frau, / die bei ihm sitzt, am späten Abend, / beim trüben Fenster ...

Ein Reisewagen rollt heran ... / Aus dem Wagen steigt / auf die hohe Vortreppe / eine unbekannte Gestalt. / Der Diener tritt mit der Kerze ein, / und hinter ihm ein armer Mönch: / Er ist zu dieser späten Stunde / im Wald vom Weg abgekommen.

Man gibt ihm ein Nachtlager – / was stehst du da, Eremit? / Traurig legt sich der Schein der Kerze / auf sein trauriges Gesicht. / In seltsamem Feuer leuchtet sein Blick, / plötzlich erkennt er seine Gastgeberin, / er zittert – vergißt sich, / wirft sich ihr zu Füßen.

Ihr Mann war gegangen. Oh, einst / hatte der Mönch nur für sie gelebt, / hatte sich mit Hoffnung selbst betrogen / und sich dadurch zugrunde gerichtet. / Doch der Ausbruch ist

Но промчалось исступленье;
Путник в комнате своей,
Чтоб рыданья и мученье
Схоронить от глаз людей.

Но рыдания звучали
Вплоть до белыя зари,
Наконец и замолчали.
Поутру к нему вошли:
На полу он посинелый
Как замученный лежал;
И бесчувственное тело
Плащ печальный покрывал!..

1830

Романс

В те дни, когда уж нет надежд,
А есть одно воспоминанье,
Веселье чуждо наших вежд,
И легче на груди страданье.

1830

vorüber, / der Reisende bleibt auf seinem Zimmer, / um sein Schluchzen, seine Qual / vor den Augen der Menschen zu verbergen.

Doch vernahm man das Schluchzen / bis zum Hellwerden, / dann verstummte es schließlich. / Am Morgen trat man bei ihm ein: / Blau vor Kälte lag er / wie ein Gefolterter auf dem Boden, / und ein trauriger Mantel / bedeckte den leblosen Körper.

B

Romanze

In jenen Tagen, da es keine Hoffnung mehr gibt, / sondern nur noch die Erinnerung, / ist die Fröhlichkeit unsern Lidern fremd, / leichter liegt auf der Brust das Leid.

B

1830. Майя. 16 число

Боюсь не смерти я. О нет!
Боюсь исчезнуть совершенно.
Хочу, чтоб труд мой вдохновенный
Когда-нибудь увидел свет;
Хочу – и снова затрудненье!
Зачем? что пользы будет мне?
Мое свершится разрушенье
В чужой, неведомой стране.
Я не хочу бродить меж *вами*
По разрушении! – Творец,
На то ли я звучал струнами,
На то ли создан был певец?
На то ли вдохновенье, страсти
Меня к могиле привели?
И нет в душе довольно власти –
Люблю мучения земли.
И этот образ, он за мною
В могилу силится бежать,
Туда, где обещал мне дать
Ты место к вечному покою.
Но чувствую: покоя нет –
И там, и там его не будет;
Тех длинных, тех жестоких лет
Страдалец вечно не забудет!..

1830

Der 16. Mai 1830

Den Tod fürchte ich nicht. O nein! / Ich fürchte das vollständige Verschwinden. / Ich möchte, daß die Mühen meiner Inspiration / das Licht erblicken; / ich möchte – und eine neue Schwierigkeit! / Wozu? welchen Nutzen habe ich davon? / Vollziehen wird sich meine Zerstörung / in einem fremden, unbekannten Land. / Unter *euch* möchte ich nicht wandeln / nach meiner Zerstörung! – Schöpfer, / habe ich dazu meine Saiten zum Klingen gebracht, / wurde dazu der Sänger geschaffen? / Haben mich dazu Inspiration und Leidenschaften / zum Grab geführt? / Und meine Seele besitzt nicht genügend Kraft – / ich liebe die Qualen der Erde. / Und dieses Bild, es drängt danach, / mir ins Grab zu folgen, / dorthin, wo du mir zu geben versprachst / einen Ort für die ewige Ruhe. / Doch ich fühle: Es gibt keine Ruhe – / auch dort, auch dort wird es sie nicht geben; / jene langen, jene grausamen Jahre / wird der Dulder in Ewigkeit nicht vergessen!

B

Предсказание

Настанет год, России черный год,
Когда царей корона упадет;
Забудет чернь к ним прежнюю любовь,
И пища многих будет смерть и кровь;
Когда детей, когда невинных жен
Низвергнутый не защитит закон;
Когда чума от смрадных, мертвых тел
Начнет бродить среди печальных сел,
Чтобы платком из хижин вызывать,
И станет глад сей бедный край терзать;
И зарево окрасит волны рек:
В тот день явится мощный человек,
И ты его узнаешь – и поймешь,
Зачем в руке его булатный нож:
И горе для тебя! – твой плач, твой стон
Ему тогда покажется смешон;
И будет все ужасно, мрачно в нем,
Как плащ его с возвышенным челом.

1830

Weissagung

Ein Jahr wird kommen, Rußlands schwarzes Jahr, / da wird die Krone der Zaren fallen; / vergessen wird der Pöbel seine vorherige Liebe zu ihnen, / und die Nahrung vieler wird Tod sein und Blut; / da wird die Kinder, da wird unschuldige Frauen / das umgestürzte Gesetz nicht schützen; / da wird die Pest von stinkenden, toten Körpern / anfangen, durch die traurigen Dörfer zu wandern, / um mit dem Tuch [die Menschen] aus den Hütten zu rufen, / und Hunger wird dies arme Land quälen; / und die Röte am Himmel wird die Wellen der Flüsse färben: / An jenem Tage wird ein mächtiger Mann erscheinen, / und du wirst ihn erkennen – und wirst verstehen, / warum in seiner Hand ein stählernes Messer ist: / Weh dir! Dein Weinen, dein Stöhnen / wird ihm lächerlich erscheinen; / und alles an ihm wird schrecklich sein und finster, / wie sein Mantel mit der hohen Stirn.

B

Смерть

Оборвана цепь жизни молодой,
Окончен путь, бил час, пора домой,
Пора туда, где будущего нет,
Ни прошлого, ни вечности, ни лет;
Где нет ни ожиданий, ни страстей,
Ни горьких слез, ни славы, ни честей;
Где вспоминанье спит глубоким сном
И сердце в тесном доме гробовом
Не чувствует, что червь его грызет.
Пора. Устал я от земных забот.
Ужель бездушных удовольствий шум,
Ужели пытки бесполезных дум,
Ужель самолюбивая толпа,
Которая от мудрости глупа,
Ужели дев коварная любовь
Прельстят меня перед кончиной вновь?
Ужели захочу я жить опять,
Чтобы душой по-прежнему страдать
И столько же любить? Всесильный бог,
Ты знал: я долее терпеть не мог;
Пускай меня обхватит целый ад,
Пусть буду мучиться, я рад, я рад,
Хотя бы вдвое против прошлых дней,
Но только дальше, дальше от людей.

1830

Der Tod

Gerissen ist die Kette des jungen Lebens, / beendet ist der Weg, die Stunde schlug, es ist Zeit heimzukehren, / Zeit dorthin zu gehen, wo es keine Zukunft gibt, / weder Vergangenheit noch Ewigkeit, noch Jahre; / wo es weder Erwartungen noch Leidenschaften, / weder bittere Tränen noch Ruhm, noch Ehren gibt; / wo die Erinnerung einen tiefen Schlaf schläft / und das Herz im engen Hause des Grabes / nicht fühlt, daß der Wurm an ihm nagt. / Es ist Zeit. Ich bin müde von den irdischen Sorgen. / Verlocken mich vor dem Ende denn erneut / der Lärm geistloser Vergnügungen, / die Foltern nutzloser Gedanken, / die selbstsüchtige Menge, / die vor Klugheit dumm ist, / die hinterlistige Liebe der Mädchen? / Will ich wirklich wieder leben, / um in der Seele wie früher zu leiden / und genauso viel zu lieben? Allmächtiger Gott, / du wußtest: ich konnte nicht länger leiden; / wenn mich auch die ganze Hölle ergreifen wird, / wenn ich auch Qualen leiden werde, ich bin froh, ich bin froh, / und seien es auch doppelt so viele wie in vergangenen Tagen – / aber nur fort, fort von den Menschen.

P

Звуки

Что за звуки! неподвижен внемлю
   Сладким звукам я;
Забываю вечность, небо, землю,
   Самого себя.
Всемогущий! что за звуки! жадно
   Сердце ловит их,
Как в пустыне путник безотрадной
   Каплю вод живых!
И в душе опять они рождают
   Сны веселых лет
И в одежду жизни одевают
   Всё, чего уж нет.
Принимают образ эти звуки,
   Образ милый мне;
Мнится, слышу тихий плач разлуки,
   И душа в огне.
И опять безумно упиваюсь
   Ядом прежних дней,
И опять я в мыслях полагаюсь
   На слова людей.

1830/31

Klänge

Was für Klänge! reglos lausche ich / den süßen Klängen; / vergesse die Ewigkeit, den Himmel, die Erde, / mich selbst. / Allmächtiger! was für Klänge! gierig / fängt das Herz sie auf, / wie in der Wüste der freudlose Wanderer / einen Tropfen lebendigen Wassers! / Und aufs neue erregen sie in der Seele / die Träume fröhlicher Jahre / und kleiden all das, was nicht mehr ist, / in das Gewand des Lebens. / Diese Klänge nehmen Gestalt an, / eine Gestalt, die mir teuer ist; / mir scheint, ich höre das leise Weinen eines Abschieds, / und meine Seele brennt. / Und wieder berausche ich mich wie toll / an dem Gift früherer Tage, / und wieder verlasse ich mich in Gedanken / auf die Worte der Menschen.

B

Мой дом

Мой дом везде, где есть небесный свод,
    Где только слышны звуки песен,
Все, в чем есть искра жизни, в нем живет,
    Но для поэта он не тесен.

До самых звезд он кровлей досягает,
    И от одной стены к другой –
Далекий путь, который измеряет
    Жилец не взором, но душой.

Есть чувство правды в сердце человека,
    Святое вечности зерно:
Пространство без границ, теченье века
    Объемлет в краткий миг оно.

И всемогущим мой прекрасный дом
    Для чувства этого построен,
И осужден страдать я долго в нем,
    И в нем лишь буду я спокоен.

1830

Mein Haus

Mein Haus ist überall, wo es das Himmelszelt gibt, / überall, wo die Klänge von Liedern zu hören sind, / alles, was einen Lebensfunken in sich trägt, lebt in ihm, / doch für den Dichter ist es nicht eng.

Bis zu den Sternen reicht es mit seinem Dach, / und von einer Wand zur andern / ist ein weiter Weg, den der Bewohner / nicht mit dem Blick, sondern mit der Seele ermißt.

Es gibt ein Gefühl für die Wahrheit im Herzen des Menschen, / ein heiliges Korn der Ewigkeit: / Den Raum ohne Grenzen, das Strömen der Zeit / umfaßt es in einem kurzen Augenblick.

Und allumfassend ist mein herrliches Haus / für dieses Gefühl erbaut, / und ich bin dazu verurteilt, lange in ihm zu leiden, / und nur in ihm werde ich ruhig sein.

B

Поток

Источник страсти есть во мне
    Великий и чудесный;
Песок серебряный на дне,
    Поверхность лик небесный;
Но беспрестанно быстрый ток
Воротит и крутит песок,
    И небо над водами
    Одето облаками.

Родится с жизнью этот ключ
    И с жизнью исчезает;
В ином он слаб, в другом могуч,
    Но всех он увлекает;
И первый счастлив, но такой
Я праздный отдал бы покой
    За несколько мгновений
    Блаженства иль мучений.

1830/31

Der Strom

Ein großer und wunderbarer / Quell der Leidenschaft ist in mir; / auf seinem Grund liegt silberner Sand, / darüber wölbt sich das Antlitz des Himmels; / doch eine rasche Strömung / wühlt und wirbelt den Sand beständig auf, / und den Himmel über dem Wasser / verhüllen Wolken.

Diese Quelle wird mit dem Leben geboren, / und mit dem Leben verschwindet sie wieder; / in dem einen ist sie schwach, in dem andern mächtig, / doch alle zieht sie mit sich fort; / und der erstere ist glücklich, doch eine solche / untätige Ruhe würde ich hingeben / für ein paar Augenblicke / der Seligkeit oder der Qual.

B

Никто не дорожит мной на земле,
И сам себе я в тягость, как другим;
Тоска блуждает на моем челе.
Я холоден и горд; и даже злым
Толпе кажуся; но ужель она
Проникнуть дерзко в сердце мне должна?
Зачем ей знать, что в нем заключено?
Огонь иль сумрак там – ей все равно.

1831

Чаша жизни

Мы пьем из чаши бытия
   С закрытыми очами,
Златые омочив края
   Своими же слезами;

Когда же перед смертью с глаз
   Завязка упадает,
И все, что обольщало нас,
   С завязкой исчезает;

Тогда мы видим, что пуста
   Была златая чаша,
Что в ней напиток был – мечта,
   И что она – не наша!

1831

Niemand auf der Welt hält etwas auf mich, / und wie den anderen, so bin ich auch mir selbst eine Last; / Melancholie irrt auf meiner Stirn. / Ich bin kalt und stolz; sogar böse / erscheine ich der Menge; aber muß sie denn / frech mir ins Herz dringen? / Wozu muß sie wissen, was in ihm verschlossen ist? / Ob dort Licht ist oder Dunkelheit – ihr ist's ja doch ganz gleich.

B

Der Kelch des Lebens

Wir trinken aus dem Kelch des Daseins / mit geschlossenen Augen / und haben die goldenen Ränder / mit unseren Tränen benetzt;

wenn aber vor dem Tod / die Binde von unseren Augen fällt / und alles, was uns verlockte, / mit der Binde verschwindet,

dann sehen wir, daß / der goldene Kelch leer, / daß der Trank darin ein Traum / und daß er nicht der unsrige war!

P

Исповедь

Я верю, обещаю верить,
Хоть сам того не испытал,
Что мог монах не лицемерить
И жить, как клятвой обещал;
Что поцелуи и улыбки
Людей коварны не всегда,
Что ближних малые ошибки
Они прощают иногда,
Что время лечит от страданья,
Что мир для счастья сотворен,
Что добродетель не названье
И жизнь поболее, чем сон!..

Но вере теплой опыт хладный
Противуречит каждый миг,
И ум, как прежде безотрадный,
Желанной цели не достиг;
И сердце, полно сожалений,
Хранит в себе глубокий след
Умерших, но святых видений –
И тени чувств, каких уж нет;
Его ничто не испугает,
И то, что было б яд другим,
Его живит, его питает
Огнем язвительным своим.

1831

Beichte

Ich glaube, ich gelobe zu glauben, / obzwar ich solches
selbst noch nicht empfunden habe: / daß ein Mönch ohne zu
heucheln / seinem Gelübde gemäß leben kann; / daß die
Küsse und das Lächeln / der Menschen nicht immer hinter-
hältig sein müssen; / daß sie die kleinen Verfehlungen der
Nächsten / ab und zu verzeihen, / daß die Zeit das Leiden
heilt, / daß die Welt für das Glück geschaffen wurde, / daß
die Tugend kein leeres Wort ist / und das Leben mehr be-
deutet als ein Traum! …

Doch diesem warmen Glauben widerspricht / in jedem Au-
genblick die kühle Erfahrung, / und der Verstand, freudlos
wie zuvor, / hat das ersehnte Ziel nicht erreicht; / und das
Herz, von Bedauern erfüllt, / bewahrt in sich die tiefe Spur /
erstorbener, doch heiliger Gesichte – / und die Schatten von
Gefühlen, die nicht mehr sind; / nichts vermag es mehr zu
schrecken, / und das, was für andere Gift wäre, / das belebt
es, nährt es / mit seinem höhnischen Feuer.

B

Прекрасны вы, поля земли родной,
Еще прекрасней ваши непогоды;
Зима сходна в ней с первою зимой,
Как с первыми людьми ее народы!..
Туман здесь одевает неба своды!
И степь раскинулась лиловой пеленой,
И так она свежа, и так родня с душой,
Как будто создана лишь для свободы ...

Но эта степь любви моей чужда;
Но этот снег летучий, серебристый
И для страны порочной слишком чистый
Не веселит мне сердца никогда.
Его одеждой хладной, неизменной
Сокрыта от очей могильная гряда
И позабытый прах, но мне, но мне бесценный.

1831

Schön seid ihr, ihr Felder des heimatlichen Landes, / noch schöner sind eure Unwetter; / sein Winter gleicht dem ersten Winter, / wie seine Völker den ersten Menschen gleichen! ... / Nebel bedeckt hier das Himmelsgewölbe, / und die Steppe dehnt sich als ein lila Tuch, / und so frisch ist sie und so verwandt mit der Seele, / als wäre sie nur für die Freiheit geschaffen ...

Doch diese Steppe ist meiner Liebe fremd; / doch dieser treibende, silbrige Schnee, / allzu rein für das lasterhafte Land, / stimmt niemals froh mein Herz. / Durch sein kaltes, immer gleiches Kleid / bleibt den Augen die Reihe der Gräber verborgen / und die vergessene Asche, / für mich jedoch, für mich ist er ohne Wert.

B

Небо и звезды

Чисто вечернее небо,
Ясны далекие звезды,
Ясны, как счастье ребенка;
О! для чего мне нельзя и подумать:
Звезды, вы ясны, как счастье мое!

Чем ты несчастлив? –
Скажут мне люди.
Тем я несчастлив,
Добрые люди, что звезды и небо –
Звезды и небо! – а я человек!..

Люди друг к другу
Зависть питают;
Я же, напротив,
Только завидую звездам прекрасным,
Только их место занять бы желал.

1831

Пусть я кого-нибудь люблю:
Любовь не красит жизнь мою.
Она, как чумное пятно
На сердце, жжет, хотя темно;
Враждебной силою гоним,
Я тем живу, что смерть другим:
Живу – как неба властелин –
В прекрасном мире – но один.

1831

Himmel und Sterne

Rein ist der abendliche Himmel, / klar sind die fernen Sterne, / so klar wie das Glück des Kindes; / ach, warum kann ich nicht auch denken: / Sterne, ihr seid so klar wie mein Glück!

Wodurch bist du denn unglücklich? / mögen die Menschen mich fragen. / Unglücklich bin ich dadurch, / ihr lieben Leute, daß die Sterne und der Himmel eben / Sterne und Himmel sind! ich aber ein Mensch! …

Die Menschen hegen / Neid untereinander; / ich hingegen / empfinde Neid nur gegenüber den herrlichen Sternen, / ihren Platz nur wünschte ich einzunehmen.

B

Auch wenn ich jemand liebe: / Die Liebe macht mein Leben nicht schön. / Wie ein verpesteter Fleck / brennt sie, obwohl dunkel, auf meinem Herzen; / von einer feindlichen Macht gejagt, / lebe ich durch das, was für andere den Tod bedeutet: / Ich lebe, wie der Herrscher des Himmels, / in einer wunderschönen Welt – aber allein.

B

K***

Ты слишком для невинности мила,
И слишком ты любезна, чтоб любить!
Полмиру дать ты счастие б могла,
Но счастливой самой тебе не быть;
Блаженство нам не посылает рок
Вдвойне. – Видала ль быстрый ты поток?
Брега его цветут, тогда как дно
Всегда глубоко, хладно, и темно!

1831

Кто в утро зимнее, когда валит
Пушистый снег и красная заря
На степь седую с трепетом глядит,
Внимал колоколам монастыря?
В борьбе с порывным ветром этот звон
Далеко им по небу унесен, –
И путникам он нравился не раз,
Как весть кончины иль бессмертья глас.

И этот звон люблю я! – он цветок
Могильного кургана, мавзолей,
Который не изменится; ни рок,
Ни мелкие несчастия людей
Его не заглушат; всегда один,
Высокой башни мрачный властелин,
Он возвещает миру всё, но сам –
Сам чужд всему, земле и небесам.

1831

An***

Für die Unschuld bist du zu lieblich, / und um zu lieben, bist du zu liebenswürdig! / Der halben Welt könntest du Glück geben, / selbst aber kannst du nicht glücklich sein; / das Schicksal sendet uns Seligkeit nicht / doppelt. – Hast du schon einmal einen raschen Strom gesehn? / Seine Ufer blühen, während der Grund / immer tief ist, dunkel und kalt!

B

An einem Wintermorgen, beim Fallen / des flaumigen Schnees, wenn die Morgenröte / erbebend auf die graue Steppe schaut – / wer hat da schon einmal die Glocken eines Klosters vernommen? / Im Kampf mit dem heftigen Wind wird dieser Klang / von ihm weit über den Himmel getragen, / und schon oft hat er den Reisenden gefallen / als Kunde vom Ende oder als Stimme der Unsterblichkeit.

Und diesen Klang liebe ich! Er ist die Blume / auf dem Hünengrab, das Mausoleum, / das sich nicht verändert; weder das Schicksal / noch das belanglose Unglück der Menschen / vermögen ihn zu übertönen; immer allein, / finsterer Herrscher eines hohen Turms, / verkündet er der Welt alles, selbst aber – / selbst ist er allem fremd, der Erde und dem Himmel.

B

Ангел

По небу полуночи ангел летел,
   И тихую песню он пел;
И месяц, и звезды, и тучи толпой
   Внимали той песне святой.

Он пел о блаженстве безгрешных духов
   Под кущами райских садов;
О боге великом он пел, и хвала
   Его непритворна была.

Он душу младую в объятиях нес
   Для мира печали и слез;
И звук его песни в душе молодой
   Остался – без слов, но живой.

И долго на свете томилась она,
   Желанием чудным полна;
И звуков небес заменить не могли
   Ей скучные песни земли.

1831

Der Engel

Über den mitternächtlichen Himmel flog ein Engel, / und er sang ein stilles Lied; / und der Mond und die Sterne und die Wolken in Scharen / lauschten jenem heiligen Lied.

Er sang von der Seligkeit unschuldiger Geister / unter den Zelten paradiesischer Gärten; / er sang vom großen Gott, und sein Lob / war nicht geheuchelt.

Er trug eine junge Seele in den Armen / für die Welt der Trauer und der Tränen; / und der Klang seines Liedes blieb in der jungen Seele / wortlos, doch lebendig.

Und sie quälte sich lange auf der Welt, / von einem wunderbaren Wunsch erfüllt; / und die langweiligen Lieder der Erde / konnten ihr die Klänge des Himmels nicht ersetzen.

P

Силуэт

Есть у меня твой силуэт,
Мне мил его печальный цвет;
Висит он на груди моей,
И мрачен он, как сердце в ней.

В глазах нет жизни и огня,
Зато он вечно близ меня;
Он тень твоя, но я люблю,
Как тень блаженства, тень твою.

1831

Schattenriß

Ich habe deinen Schattenriß, / ich liebe seine traurige Farbe; / er hängt an meiner Brust, / und finster ist er wie in dieser das Herz.

In den Augen ist kein Leben und kein Feuer, / dafür ist er immer bei mir; / er ist dein Schatten, doch liebe ich, / wie den Schatten der Glückseligkeit, deinen Schatten.

B

Как дух отчаянья и зла,
Мою ты душу обняла;
О! для чего тебе нельзя
Ее совсем взять у меня?

Моя душа твой вечный храм;
Как божество, твой образ там;
Не от небес, лишь от него
Я жду спасенья своего.

1831

Я не люблю тебя; страстей
И мук умчался прежний сон;
Но образ твой в душе моей
Все жив, хотя бессилен он;
Другим предавшися мечтам,
Я все забыть его не мог;
Так храм оставленный – все храм,
Кумир поверженный – все бог!

1831

Wie der Geist der Verzweiflung und des Bösen, / so hast du meine Seele umfangen; / ach, warum kannst du sie / mir nicht ganz nehmen?

Meine Seele ist dein ewiger Tempel; / wie die Gottheit, so ist in ihm dein Bild; / nicht vom Himmel, nur von ihm / erwarte ich meine Rettung.

B

Ich liebe dich nicht; verflogen / ist der frühere Traum der Leidenschaften und Qualen; / doch dein Bild ist in meiner Seele / immer noch lebendig, obwohl es kraftlos ist; / anderen Träumen hingegeben, / konnte ich es doch nie vergessen; / so ist ein verlassener Tempel immer noch ein Tempel, / ein gestürzter Götze immer noch ein Gott!

B

Земля и небо

Как землю нам больше небес не любить?
  Нам небесное счастье темно;
Хоть счастье земное и меньше в сто раз,
  Но мы знаем, какое оно.

О надеждах и муках былых вспоминать
  В нас тайная склонность кипит;
Нас тревожит неверность надежды земной,
  А краткость печали смешит.

Страшна в настоящем бывает душе
  Грядущего темная даль;
Мы блаженство желали б вкусить в небесах,
  Но с миром расстаться нам жаль.

Что во власти у нас, то приятнее нам,
  Хоть мы ищем другого порой,
Но в час расставанья мы видим ясней,
  Как оно породнилось с душой.

1831 (?)

Erde und Himmel

Wie sollten wir nicht die Erde mehr lieben als den Himmel? / Das himmlische Glück liegt im Dunkeln; / ist das irdische Glück auch hundertmal geringer, / so wissen wir doch, wie es beschaffen ist.

Uns an vergangene Hoffnungen und Qualen zu erinnern, / dazu sind wir insgeheim allzu geneigt; / die Unzuverlässigkeit der irdischen Hoffnung beunruhigt uns, / die Kürze der Trauer bringt uns zum Lachen.

Erschreckend ist für die Seele in der Gegenwart zumeist / die dunkle Ferne der Zukunft; / wir würden gern im Himmel Glückseligkeit kosten, / doch von der Welt zu scheiden erfüllt uns mit Bedauern.

Was in unserer Macht steht, ist uns angenehmer, / auch wenn wir zuzeiten etwas anderes suchen, / doch in der Stunde der Trennung sehen wir klarer, / wie es mit der Seele verwandt ist.

B

Нет, я не Байрон, я другой,
Еще неведомый избранник,
Как он, гонимый миром странник,
Но только с русскою душой.
Я раньше начал, кончу ране,
Мой ум немного совершит;
В душе моей, как в океане,
Надежд разбитых груз лежит.
Кто может, океан угрюмый,
Твои изведать тайны? Кто
Толпе мои расскажет думы?
Я – или бог – или никто!

1832

Я жить хочу! хочу печали
Любви и счастию назло;
Они мой ум избаловали
И слишком сгладили чело.
Пора, пора насмешкам света
Прогнать спокойствия туман;
Что без страданий жизнь поэта?
И что без бури океан?
Он хочет жить ценою муки,
Ценой томительных забот.
Он покупает неба звуки,
Он даром славы не берет.

1832

Nein, ich bin nicht Byron, ich bin ein anderer, / ein noch unbekannter Auserwählter, / wie er ein von der Welt gejagter Wanderer, / jedoch mit einer russischen Seele. / Ich habe früher begonnen, werde früher enden, / mein Verstand wird nicht viel vollbringen; / in meiner Seele liegt, wie im Ozean, / die Last zerschlagener Hoffnungen. / Wer, mürrischer Ozean, / vermag deine Geheimnisse zu ergründen? / Wer / vermöchte der Menge meine Gedanken mitzuteilen? / Ich bin ein Gott – oder niemand!

B

Ich möchte leben! möchte Trauer, / der Liebe und dem Glück zum Trotz; / diese haben meinen Verstand verwöhnt / und meine Stirn zu sehr geglättet. / Zeit ist es, Zeit für den Hohn der Gesellschaft, / den Nebel der Ruhe zu verjagen: / Was ist das Leben des Dichters ohne Leiden? / Und was ohne Sturm der Ozean? / Er möchte leben um den Preis der Qual, / um den Preis erdrückender Sorgen. / Er kauft die Klänge des Himmels, / er nimmt den Ruhm nicht umsonst.

B

Слова разлуки повторяя,
Полна надежд душа твоя;
Ты говоришь: есть жизнь другая,
И смело веришь ей... но я?..

Оставь страдальца! – будь покойна:
Где б ни был этот мир святой,
Двух жизней сердцем ты достойна!
А мне довольно и одной.

Тому ль пускаться в бесконечность,
Кого измучил краткий путь?
Меня раздавит эта вечность,
И страшно мне не отдохнуть!

Я схоронил навек былое,
И нет о будущем забот,
Земля взяла свое земное,
Она назад не отдает!..

1832

Während sie die Worte der Trennung wiederholt, / ist deine Seele voller Hoffnung; / du sagst: Es gibt ein anderes Leben, / und kühn glaubst du daran ... aber ich? ...

Laß den Dulder! – nur ruhig: / Wo diese heilige Welt auch sein mag, / dein Herz ist zweier Leben würdig! / Mir jedoch genügt schon eines.

Wird der sich zur Unendlichkeit aufmachen wollen, / für den ein kurzer Weg schon eine Qual gewesen ist? / Mich würde diese Ewigkeit erdrücken, / schrecklich wäre es, nicht ausruhen zu können!

Ich habe für immer die Vergangenheit begraben, / über die Zukunft mache ich mir keine Sorgen, / die Erde hat sich ihren irdischen Anteil genommen, / zurück gibt sie nichts ...

B

Парус

Белеет парус одинокой
В тумане моря голубом!..
Что ищет он в стране далекой?
Что кинул он в краю родном?..

Играют волны – ветер свищет,
И мачта гнется и скрыпит ...
Увы, – он счастия не ищет
И не от счастия бежит!

Под ним струя светлей лазури,
Над ним луч солнца золотой ...
А он, мятежный, просит бури,
Как будто в бурях есть покой!

1832

Das Segel

Weiß schimmert ein einsames Segel / im blauen Nebel des
Meeres! ... / Was sucht es im fernen Land? / Was verließ es
im Heimatland? ...

Die Wellen spielen, der Wind pfeift, / und der Mast biegt
sich und knarrt ... / Ach – es sucht das Glück nicht / und
flieht nicht vor dem Glück!

Unter ihm ein Strom von hellem Lasur, / über ihm ein
goldener Sonnenstrahl ... / Aber, rebellisch, bittet es um
Sturm, / als ob in Stürmen Ruhe wäre!

P

Он был рожден для счастья, для надежд
И вдохновений мирных! – но безумный
Из детских рано вырвался одежд
И сердце бросил в море жизни шумной;
И мир не пощадил – и бог не спас!
Так сочный плод, до времени созрелый,
Между цветов висит осиротелый,
Ни вкуса он не радует, ни глаз;
И час их красоты – его паденья час!

И жадный червь его грызет, грызет,
И между тем как нежные подруги
Колеблются на ветках – ранний плод
Лишь тяготит свою … до первой вьюги!
Ужасно стариком быть без седин;
Он равных не находит; за толпою
Идет, хоть с ней не делится душою;
Он меж людьми ни раб, ни властелин,
И все, что чувствует, он чувствует один!

1832

Er war geboren für das Glück, für Hoffnungen / und friedliche Inspirationen! Doch der Unverständige / befreite sich zu früh von seinen Kinderkleidern / und warf sein Herz in das Meer des lärmenden Lebens; / und die Welt verschonte ihn nicht, und Gott rettete ihn nicht! / So hängt die saftige, vor der Zeit gereifte Frucht / verwaist unter den Blüten, / erfreut weder Geschmack noch Augen; / und wenn für die Blüten die Stunde ihrer Schönheit kommt, ist es für sie die Stunde ihres Falls!

Und der gierige Wurm nagt und nagt an ihr, / und während die zarten Freundinnen / an ihren Zweigen schaukeln, zieht die frühe Frucht / den ihren nur bis zum ersten Sturm herab! / Schrecklich ist es, ein Greis zu sein ohne graues Haar; / er findet keine ihm Gleichen; er geht hinter der Menge her, / obgleich seine Seele mit ihr nichts gemein hat; / er ist unter den Menschen weder Knecht noch Herrscher, / und alles, was er fühlt, fühlt er allein!

B

Смерть поэта

Погиб поэт! – невольник чести –
Пал, оклеветанный молвой,
С свинцом в груди и жаждой мести,
Поникнув гордой головой!..
Не вынесла душа поэта
Позора мелочных обид,
Восстал он против мнений света
Один как прежде ... и убит!
Убит!.. к чему теперь рыданья,
Пустых похвал ненужный хор,
И жалкий лепет оправданья?
Судьбы свершился приговор!
Не вы ль сперва так злобно гнали
Его свободный, смелый дар
И для потехи раздували
Чуть затаившийся пожар?
Что ж? веселитесь ... – он мучений
Последних вынести не мог:
Угас, как светоч, дивный гений,
Увял торжественный венок.

Его убийца хладнокровно
Навел удар ... спасенья нет:
Пустое сердце бьется ровно,
В руке не дрогнул пистолет.
И что за диво?.. издалёка,
Подобный сотням беглецов,
На ловлю счастья и чинов
Заброшен к нам по воле рока;
Смеясь, он дерзко презирал
Земли чужой язык и нравы;

Der Tod des Dichters

Umgekommen ist der Dichter! Als Sklave der Ehre / ist er gefallen, verleumdet vom Gerücht, / mit Blei in der Brust und dem Durst nach Rache, / beugend sein stolzes Haupt! ... / Die Seele des Dichters hatte / die Schmach kleinlicher Kränkungen nicht mehr ertragen, / er hatte sich erhoben gegen die Meinungen der Gesellschaft, / allein wie schon immer ... und er wurde getötet! / Getötet! ... wozu jetzt das Weinen, / der unnütze Chor leerer Lobeshymnen / und das klägliche Gestammel der Rechtfertigung? / Das Urteil des Schicksals wurde vollstreckt! / Habt ihr nicht eben noch auf infame Weise / seine freie, kühne Begabung gejagt / und den kaum verborgenen Brand / zum Spaß angefacht? / Nun, so vergnügt euch denn ... er vermochte die letzten / Peinigungen nicht zu ertragen: / Einer Fackel gleich erloschen ist der herrliche Genius, / verwelkt ist der triumphale Kranz.

Kaltblütig hat sein Mörder / den Schlag geführt ... eine Rettung gab es nicht: / Gleichmäßig schlägt das leere Herz, / die Pistole zittert nicht in der Hand. / Und was ist daran auch so erstaunlich? ... aus der Ferne, / Hunderten anderen Flüchtlingen gleich, / wurde er auf der Jagd nach Glück und Karriere / nach dem Willen des Schicksals zu uns verschlagen; / lächelnd verachtete er frech / Sprache und Sitte des fremden Landes; / konnte ihn, der unser Ruhm war, nicht

Не мог щадить он нашей славы;
Не мог понять в сей миг кровавый,
На что́ он руку поднимал!..

И он убит – и взят могилой,
Как тот певец, неведомый, но милый,
Добыча ревности глухой,
Воспетый им с такою чудной силой,
Сраженный, как и он, безжалостной рукой.

Зачем от мирных нег и дружбы простодушной
Вступил он в этот свет завистливый и душный
Для сердца вольного и пламенных страстей?
Зачем он руку дал клеветникам ничтожным,
Зачем поверил он словам и ласкам ложным,
Он, с юных лет постигнувший людей?..

И прежний сняв венок, – они венец терновый,
Увитый лаврами, надели на него:
Но иглы тайные сурово
Язвили славное чело;
Отравлены его последние мгновенья
Коварным шепотом насмешливых невежд,
И умер он – с напрасной жаждой мщенья,
С досадой тайною обманутых надежд.
Замолкли звуки чудных песен,
Не раздаваться им опять:
Приют певца угрюм и тесен,
И на устах его печать.

*

68

verschonen; / vermochte in jenem blutigen Augenblick nicht zu begreifen, / wogegen er seine Hand erhob! ...

Und er wurde getötet – und aufgenommen vom Grab, / wie jener unbekannte, doch liebenswürdige Sänger, / eine Beute gefühlloser Eifersucht, / besungen von ihm mit so wunderbarer Kraft, / von einer erbarmungslosen Hand gefällt, wie auch er.

Warum nur trat er aus den friedlichen Wonnen und der aufrichtigen Freundschaft / ein in diese neidische Welt, so bedrückend / für ein freies Herz und feurige Leidenschaften? / Warum reichte er nichtswürdigen Verleumdern die Hand, / warum schenkte er lügnerischen Worten und Schmeicheleien Glauben, / er, der doch von jungen Jahren an die Menschen durchschaut hatte? ...

Und sie nahmen ihm den einstigen Kranz – eine Dornenkrone, / mit Lorbeer umwunden, setzten sie ihm auf: / Doch verborgene Nadeln verletzten / roh seine ruhmreiche Stirn; / vergiftet wurden seine letzten Augenblicke / durch das hinterhältige Geflüster höhnischer Ignoranten, / und er starb mit dem vergeblichen Durst nach Rache, / mit dem geheimen Verdruß betrogener Hoffnungen. / Verstummt sind die Klänge seiner wunderbaren Lieder, / sie werden nie mehr erklingen: / Düster und eng ist die Heimstatt des Sängers, / und auf seinen Lippen liegt ein Siegel.

*

А вы, надменные потомки
Известной подлостью прославленных отцов,
Пятою рабскою поправшие обломки
Игрою счастия обиженных родов!
Вы, жадною толпой стоящие у трона,
Свободы, Гения и Славы палачи!
    Таитесь вы под сению закона,
    Пред вами суд и правда – всё молчи!..
Но есть и божий суд, наперсники разврата!
            Есть грозный суд: он ждет;
    Он не доступен звону злата,
И мысли и дела он знает наперед.
Тогда напрасно вы прибегнете к злословью:
    Оно вам не поможет вновь,
И вы не смоете всей вашей черной кровью
    Поэта праведную кровь!

1837

Ihr aber, ihr hochmütigen Nachkommen / eurer für ihre notorische Schurkerei berühmten Väter, / die ihr mit sklavischem Fuß jene erledigt habt, / die von den durch die Laune des Schicksals gekränkten Geschlechtern übriggeblieben waren! / Ihr, die ihr am Thron steht als gierige Schar, / Henker von Freiheit, Genie und Ruhm! / Ihr verbergt euch hinter dem schützenden Gesetz, / vor euch müssen Gericht und Wahrheit, muß alles schweigen … / Doch gibt es ein göttliches Gericht, ihr Lieblinge des Lasters! / Es gibt ein furchteinflößendes Gericht: Es erwartet euch; / das wird nicht weich beim Klang des Goldes, / und die Gedanken und Taten kennt es im voraus. / Vergebens werdet ihr dann eure Zuflucht bei der Verleumdung suchen: / Noch einmal wird sie euch nicht helfen, / und mit all eurem schwarzen Blut werdet ihr nicht fortwaschen / das gerechte Blut des Dichters!

B

Бородино

– Скажи-ка, дядя, ведь не даром
Москва, спаленная пожаром,
   Французу отдана?
Ведь были ж схватки боевые,
Да, говорят, еще какие!
Недаром помнит вся Россия
   Про день Бородина!

– Да, были люди в наше время,
Не то, что нынешнее племя:
   Богатыри – не вы!
Плохая им досталась доля:
Немногие вернулись с поля …
Не будь на то господня воля,
   Не отдали б Москвы!

Мы долго молча отступали,
Досадно было, боя ждали,
   Ворчали старики:
«Что ж мы? на зимние квартиры?
Не смеют, что ли, командиры
Чужие изорвать мундиры
   О русские штыки?»

И вот нашли большое поле:
Есть разгуляться где на воле!
   Построили редут.
У наших ушки на макушке!
Чуть утро осветило пушки
И леса синие верхушки –
   Французы тут как тут.

Borodino

»Sag doch, Großvater, / wurde Moskau, vom Brand verwüstet, / dem Franzosen einfach überlassen? / Es gab doch Scharmützel? / Und was für welche, heißt es! / Nicht umsonst erinnert sich ganz Rußland / an den Tag von Borodino!«

»Ja, das waren Menschen zu unserer Zeit, / nicht so ein Menschenschlag wie heute: / Helden waren das, nicht solche wie ihr! / Ein schlimmes Los wurde ihnen zuteil: / Nicht viele kehrten aus dem Feld zurück … / Wäre es nicht Gottes Wille gewesen, / sie hätten Moskau nicht hergegeben!

Lange wichen wir schweigend zurück, / es verdroß uns, wir warteten auf den Kampf, / die Alten murrten: / ›Am Ende ziehen wir noch ins Winterquartier! / Wagen es unsere Kommandanten denn nicht, / die fremden Uniformen von russischen / Bajonetten zerfetzen zu lassen?‹

Und dann machten sie ein großes Feld ausfindig: / Da konnte man in die Weite ausschwärmen! / Es wurden Schanzen errichtet. / Die unsrigen hatten die Ohren gespitzt! / Der Morgen fing gerade an, auf die Kanonen zu scheinen / und auf die blauen Wipfel des Waldes – / schon waren die Franzosen da.

Забил заряд я в пушку туго
И думал: угощу я друга!
    Постой-ка, брат мусью!
Что тут хитрить, пожалуй к бою;
Уж мы пойдем ломить стеною,
Уж постоим мы головою
    За родину свою!

Два дня мы были в перестрелке.
Что толку в этакой безделке?
    Мы ждали третий день.
Повсюду стали слышны речи:
«Пора добраться до картечи!»
И вот на поле грозной сечи
    Ночная пала тень.

Прилег вздремнуть я у лафета,
И слышно было до рассвета,
    Как ликовал француз.
Но тих был наш бивак открытый:
Кто кивер чистил весь избитый,
Кто штык точил, ворча сердито,
    Кусая длинный ус.

И только небо засветилось,
Все шумно вдруг зашевелилось,
    Сверкнул за строем строй.
Полковник наш рожден был хватом:
Слуга царю, отец солдатам …
Да, жаль его: сражен булатом,
    Он спит в земле сырой.

Ich trieb die Ladung fest ins Rohr / und dachte: Will den Freund bewirten! / Wart, Bruder Mussjöh! / Kein langes Gefackel, bittschön zum Kampf; / jetzt brechen wir durch mit dicht geschlossenen Reihen / jetzt halten wir den Kopf hin / für unser Vaterland!

Zwei Tage befanden wir uns im Feuergefecht. / Was hat denn so ein Geplänkel für einen Sinn? / Wir warteten bis zum dritten Tag. / Von überall her wurden Reden laut: / ›Zeit, daß wir zu den Kartätschen greifen!‹ / Und nun senkte sich das nächtliche Dunkel / auf die Walstatt herab.

Ich legte mich zu einem Schläfchen bei der Lafette nieder, / und bis zum Morgengrauen hörte man, / wie der Franzose jubelte. / Unser offenes Biwak jedoch war still: / Der eine säuberte seinen völlig mitgenommenen Tschako, / der andere schärfte sein Bajonett, brummte ärgerlich / und kaute auf seinem langen Schnurrbart herum.

Und kaum erhellte sich der Himmel, / kam alles lärmend in Bewegung, / blitzten die Reihen. / Unser Heerführer war ein Teufelskerl: / ein Diener des Zaren, den Soldaten ein Vater … Ja, schade um ihn: Von einer Klinge gefällt, / schläft er in der feuchten Erde.

И молвил он, сверкнув очами:
«Ребята! не Москва ль за нами?
      Умремте ж под Москвой,
Как наши братья умирали!»
И умереть мы обещали,
И клятву верности сдержали
      Мы в Бородинский бой.

Ну ж был денек! Сквозь дым летучий
Французы двинулись, как тучи,
      И всё на наш редут.
Уланы с пестрыми значками,
Драгуны с конскими хвостами,
Все промелькнули перед нами,
      Все побывали тут.

Вам не видать таких сражений!..
Носились знамена, как тени,
      В дыму огонь блестел,
Звучал булат, картечь визжала,
Рука бойцов колоть устала,
И ядрам пролетать мешала
      Гора кровавых тел.

Изведал враг в тот день немало,
Что значит русский бой удалый,
      Наш рукопашный бой!..
Земля тряслась – как наши груди;
Смешались в кучу кони, люди,
И залпы тысячи орудий
      Слились в протяжный вой …

Und er sprach, und seine Augen schossen Blitze: / ›Kinder! steht nicht Moskau hinter uns? / So sterben wir denn bei Moskau, / wie unsere Brüder gestorben sind!‹ / Und wir gelobten zu sterben, / und wir hielten den Treueschwur / in der Schlacht von Borodino.

Das war ein Tag! Durch den treibenden Rauch / flogen die Franzosen wie dunkle Wolken daher, / und ständig gegen unsere Schanze. / Die Ulanen mit bunten Abzeichen, / die Dragoner mit den Pferdeschweifen, / alle tauchten sie vor uns auf, / alle waren sie da.

Solche Schlachten seht ihr nie! … / Die vorangetragenen Fahnen verdunkelten das Licht, / im Rauch leuchtete Feuer, / die Klinge erklang, die Kartätsche winselte, / die Arme der Kämpfer erlahmten vor lauter Stechen, / und der Haufen blutiger Leiber / hinderte die Kugeln an ihrem Flug.

An jenem Tag erfuhr der Feind nicht wenig davon, / was so ein richtiger verwegener russischer Kampf ist, / unser Kampf Mann gegen Mann! … / Die Erde erbebte wie unsere Brust; / es vermischten sich zu einem Haufen Pferde, Menschen, / und die tausend Geschützsalven / vereinigten sich zu einem lang anhaltenden Heulen …

Вот смерклось. Были все готовы
Заутра бой затеять новый
    И до конца стоять …
Вот затрещали барабаны –
И отступили бусурманы.
Тогда считать мы стали раны,
    Товарищей считать.

Да, были люди в наше время,
Могучее, лихое племя:
    Богатыри – не вы.
Плохая им досталась доля:
Немногие вернулись с поля.
Когда б на то не божья воля,
    Не отдали б Москвы!

                                    1837

Nun kam die Dämmerung. Alle waren bereit, / am nächsten Morgen eine neue Schlacht zu beginnen / und bis zum Ende auszuharren ... / Nun begannen die Trommeln zu dröhnen – / und die Ungläubigen wichen zurück. / Da fingen wir an, die Wunden zu zählen, / die Kameraden zu zählen.

Ja, das waren Menschen zu unserer Zeit, / ein kraftvoller, verwegener Schlag: / Helden waren das, nicht solche wie ihr! / Ein schlimmes Los wurde ihnen zuteil: / Nicht viele kehrten aus dem Feld zurück ... / Wäre es nicht Gottes Wille gewesen, / sie hätten Moskau nicht hergegeben!«

B

На серебряные шпоры
Я в раздумии гляжу;
За тебя, скакун мой скорый,
За бока твои дрожу.

Наши предки их не знали
И, гарцуя средь степей,
Толстой плеткой погоняли
Недоезжаных коней.

Но с успехом просвещенья
Вместо грубой старины,
Введены изобретенья
Чужеземной стороны;

В наше время кормят, холят,
Берегут спинную честь...
Прежде били – нынче колют!..
Что же выгодней? – бог весть!..

1833/34

Nachdenklich betrachte ich / die silbernen Sporen; / um dich, mein rascher Renner, / um deine Flanken zittere ich.

Unsere Vorfahren kannten keine Sporen; / wenn sie in der Steppe ihre Reiterkunststücke vollführten, / trieben sie die noch nicht zugerittenen Pferde / mit einer dicken Reitpeitsche an.

Doch mit dem Erfolg der Aufklärung, / die an die Stelle des unkultivierten Altertums trat, / wurden fremdländische / Erfindungen eingeführt;

in unserer Zeit wird gefüttert, gestriegelt, / wird die Ehre des Pferderückens gehütet ... / Früher schlug man – heute sticht man! / Was ist besser? – wer weiß!

B

Когда волнуется желтеющая нива,
И свежий лес шумит при звуке ветерка,
И прячется в саду малиновая слива
Под тенью сладостной зеленого листка;

Когда, росой обрызганный душистой,
Румяным вечером иль утра в час златой,
Из-под куста мне ландыш серебристый
Приветливо кивает головой;

Когда студеный ключ играет по оврагу
И, погружая мысль в какой-то смутный сон,
Лепечет мне таинственную сагу
Про мирный край, откуда мчится он, –

Тогда смиряется души моей тревога,
Тогда расходятся морщины на челе, –
И счастье я могу постигнуть на земле,
И в небесах я вижу бога …

1837

Wenn die gelb werdende Flur wogt, / der kühle Wald beim Säuseln des Windes rauscht / und sich die himbeerfarbene Pflaume im Garten verbirgt / unter dem wonnigen Schatten eines grünen Blattes;

wenn mir, vom duftigen Tau benetzt, / am rötlichen Abend oder in goldener Morgenstunde, / unter dem Strauch hervor das silberne Maiglöckchen / freundlich mit dem Köpfchen zunickt;

wenn die eisige Quelle eilig durch die Schlucht rinnt / und, den Gedanken in einen wirren Traum versenkend, / mir eine geheimnisvolle Sage zuraunt / über ein friedliches Land, aus dem sie herbeieilt –

dann wird die Unruhe meiner Seele besänftigt, / dann schwinden die Falten auf meiner Stirn – / und ich kann das Glück auf der Erde begreifen, / und im Himmel sehe ich Gott …

P

Не смейся над моей пророческой тоскою;
Я знал: удар судьбы меня не обойдет;
Я знал, что голова, любимая тобою,
    С твоей груди на плаху перейдет;
Я говорил тебе: ни счастия, ни славы
Мне в мире не найти; настанет час кровавый,
    И я паду, и хитрая вражда
С улыбкой очернит мой недоцветший гений;
        И я погибну без следа
        Моих надежд, моих мучений.
Но я без страха жду довременный конец.
    Давно пора мне мир увидеть новый;
    Пускай толпа растопчет мой венец:
        Венец певца, венец терновый!..
        Пускай! я им не дорожил.

1837

Lache nicht über meine prophetische Trauer; / ich wußte:
Der Schlag des Schicksals wird nicht an mir vorbeigehen; /
ich wußte, daß mein Kopf, den du liebtest, / von deiner
Brust zum Richtplatz wechseln wird; / ich sagte zu dir: We-
der Glück noch Ruhm / werde ich finden auf der Welt; es
wird die blutige Stunde kommen, / da werde ich fallen, und
heimtückische Feindseligkeit / wird mit einem Lächeln
meinen nicht zur Blüte gelangten Schöpfergeist verleum-
den; / und ich werde zugrunde gehen ohne eine Spur / mei-
ner Hoffnungen, meiner Qualen. / Aber ich erwarte ohne
Angst mein vorzeitiges Ende. / Schon lange ist es Zeit, daß
ich eine neue Welt erblicke; / mag die Menge meinen Kranz
zertreten: / den Kranz des Sängers, den Dornenkranz! ... /
Mag es so kommen! Hab keinen großen Wert darauf gelegt.

B

Гляжу на будущность с боязнью,
Гляжу на прошлое с тоской
И, как преступник перед казнью,
Ищу кругом души родной;
Придет ли вестник избавленья
Открыть мне жизни назначенье,
Цель упований и страстей,
Поведать – что мне бог готовил,
Зачем так горько прекословил
Надеждам юности моей.

Земле я отдал дань земную
Любви, надежд, добра и зла;
Начать готов я жизнь другую,
Молчу и жду: пора пришла;
Я в мире не оставлю брата,
И тьмой и холодом объята
Душа усталая моя;
Как ранний плод, лишенный сока,
Она увяла в бурях рока
Под знойным солнцем бытия.

1837/38

Voll Angst schaue ich auf die Zukunft, / voll Trauer schaue ich auf die Vergangenheit, / und wie der Verbrecher vor der Hinrichtung, / so suche ich rings nach einer verwandten Seele; / wird er kommen, der Bote der Befreiung, / um mir die Bestimmung des Lebens zu enthüllen, / das Ziel all der Erwartungen und Leiden, / um mich wissen zu lassen, was Gott für mich bereithält / und warum er sich so bitter in Widerspruch befindet / zu den Hoffnungen meiner Jugend?

Der Erde habe ich den irdischen Tribut entrichtet / an Liebe, Hoffnung, Gutem und Bösem; / ich bin bereit, ein anderes Leben zu beginnen; / ich schweige und warte: Die Zeit ist gekommen; / ich werde auf der Welt keinen Bruder hinterlassen, / und von Dunkel und Kälte umfangen / ist meine müde Seele; / wie eine frühe, / ihres Safts beraubte Frucht / ist sie in den Stürmen des Schicksals / unter der brennenden Sonne des Daseins verwelkt.

B

Казачья колыбельная песня

Спи, младенец мой прекрасный,
   Баюшки-баю.
Тихо смотрит месяц ясный
   В колыбель твою.
Стану сказывать я сказки,
   Песенку спою;
Ты ж дремли, закрывши глазки,
   Баюшки-баю.

По камням струится Терек,
   Плещет мутный вал;
Злой чечен ползет на берег,
   Точит свой кинжал;
Но отец твой старый воин,
   Закален в бою:
Спи, малютка, будь спокоен,
   Баюшки-баю.

Сам узнаешь, будет время,
   Бранное житье;
Смело вденешь ногу в стремя
   И возьмешь ружье.
Я седельце боевое
   Шелком разошью ...
Спи, дитя мое родное,
   Баюшки-баю.

Богатырь ты будешь с виду
   И казак душой.
Провожать тебя я выйду –
   Ты махнешь рукой ...

Kosakisches Wiegenlied

Schlafe, mein schöner Knabe, / eiapopeia. / Still schaut der helle Mond / in deine Wiege. / Ich werde Märchen erzählen, / ein Lied singen; / du aber schlummere mit geschlossenen Äuglein, / eiapopeia.

Über die Steine strömt der Terek, / plätschert die trübe Welle; / der böse Tschetschene kriecht ans Ufer, / er schärft seinen Dolch; / aber dein Vater ist ein alter Krieger, / im Kampfe gestählt: / Schlafe, mein Kleiner, sei ruhig, / eiapopeia.

Es wird eine Zeit kommen, / da wirst du selbst das Kriegerleben kennenlernen; / kühn wirst du den Fuß in den Steigbügel setzen / und das Gewehr nehmen. / Ich werde den Kampfsattel / mit Seide besticken … / Schlafe, mein liebes Kind, / eiapopeia.

Aussehen wirst du wie ein Held / und das Herz eines Kosaken haben. / Ich werde dich begleiten gehen – / du wirst abwinken … / Wieviel bittere Tränen werde ich heimlich / in

Сколько горьких слез украдкой
    Я в ту ночь пролью!..
Спи, мой ангел, тихо, сладко,
    Баюшки-баю.

Стану я тоской томиться,
    Безутешно ждать;
Стану целый день молиться,
    По ночам гадать;
Стану думать, что скучаешь
    Ты в чужом краю ...
Спи ж, пока забот не знаешь,
    Баюшки-баю.

Дам тебе я на дорогу
    Образок святой:
Ты его, моляся богу,
    Ставь перед собой;
Да готовясь в бой опасный,
    Помни мать свою ...
Спи, младенец мой прекрасный,
    Баюшки-баю.

1838

jener Nacht vergießen! ... / Schlafe, mein Engel, friedlich und süß, / eiapopeia.

Ich werde mich in Trauer verzehren, / ohne Trost warten; / ich werde den ganzen Tag beten, / in den Nächten Karten legen; / ich werde denken, daß du Sehnsucht spürst / im fremden Land ... / Schlafe, solange du keine Sorgen kennst, / eiapopeia.

Ich werde dir ein heiliges Ikonenbild / auf den Weg geben: / Stelle es vor dich hin, / wenn du zu Gott betest; / und wenn du dich zu einem gefährlichen Kampf rüstest, / denke an deine Mutter ... / Schlafe, mein schönes Kindlein, / eiapopeia.

P

Молитва

В минуту жизни трудную
Теснится ль в сердце грусть:
Одну молитву чудную
Твержу я наизусть.

Есть сила благодатная
В созвучье слов живых,
И дышит непонятная,
Святая прелесть в них.

С души как бремя скатится,
Сомненье далеко –
И верится, и плачется,
И так легко, легко …

1839

Gebet

Zieht sich in einem schweren Augenblick des Lebens / das
Herz vor Gram zusammen, / so spreche ich aus dem Ge-
dächtnis / ein wunderbares Gebet.

Der Klang dieser lebendigen Worte / enthält eine heilsame
Kraft, / in ihnen weht ein unbegreiflicher, / heiliger Zauber.

Es ist, als falle einem eine Last von der Seele, / der Zweifel
ist fern – / man glaubt und man weint, / und es wird einem
so leicht, so leicht …

B

На буйном пиршестве задумчив он сидел
Один, покинутый безумными друзьями,
И в даль грядущую, закрытую пред нами,
　　Духовный взор его смотрел.

И помню я, исполнены печали
Средь звона чаш, и криков, и речей,
И песен праздничных, и хохота гостей
　　Его слова пророчески звучали.

Он говорил: ликуйте, о друзья!
Что вам судьбы дряхлеющего мира?..
Над вашей головой колеблется секира,
　　Но что ж!.. Из вас один ее увижу я.

1839

Auf dem wilden Festmahl saß er gedankenverloren da, / allein, verlassen von seinen törichten Freunden, / und mit seinem inneren Blick schaute er / in die ferne, uns verborgene Zukunft.

Und ich erinnere mich, wie, von Trauer erfüllt, / beim Klang der Becher, in Stimmengewirr und Geschrei, / inmitten festlicher Lieder und des lauten Gelächters der Gäste, / seine Worte prophetisch erklangen.

Er sprach: Seid nur fröhlich, ihr Freunde! / Was geht euch das Schicksal der alternden Welt schon an? / Über eurem Haupt hängt das Beil, / aber, was tut's! ... Von euch allen werde ich allein es sehn.

B

Есть речи – значенье
Темно иль ничтожно,
Но им без волненья
Внимать невозможно.

Как полны их звуки
Безумством желанья!
В них слезы разлуки,
В них трепет свиданья.

Не встретит ответа
Средь шума мирского
Из пламя и света
Рожденное слово;

Но в храме, средь боя
И где я ни буду,
Услышав, его я
Узнаю повсюду.

Не кончив молитвы,
На звук тот отвечу,
И брошусь из битвы
Ему я навстречу.

1839

Es gibt Worte, deren Bedeutung / ist dunkel oder nichtig, / doch ohne Rührung / kann man ihnen nicht lauschen.

Wie sind ihre Laute erfüllt / von der Unvernunft des Begehrens! / In ihnen sind die Tränen der Trennung, / in ihnen ist das Zittern des Wiedersehens.

Keiner Antwort begegnet / im Lärm der Welt / das aus Feuer und Licht / geborene Wort;

doch im Tempel, in der Schlacht, / wo ich auch sein möge, / werde ich es vernehmen / und überall erkennen.

Ohne das Gebet zu beenden, / werde ich jenem Laut antworten / und aus der Schlacht heraus / ihm entgegenstürzen.

B

Как часто, пестрою толпою окружен,
Когда передо мной, как будто бы сквозь сон,
     При шуме музыки и пляски,
При диком шепоте затверженных речей,
Мелькают образы бездушные людей,
     Приличьем стянутые маски,

Когда касаются холодных рук моих
С небрежной смелостью красавиц городских
     Давно бестрепетные руки, –
Наружно погружась в их блеск и суету,
Ласкаю я в душе старинную мечту,
     Погибших лет святые звуки.

И если как-нибудь на миг удастся мне
Забыться, – памятью к недавней старине
     Лечу я вольной, вольной птицей;
И вижу я себя ребенком; и кругом
Родные всё места: высокий барский дом
     И сад с разрушенной теплицей;

Зеленой сетью трав подернут спящий пруд,
А за прудом село дымится – и встают
     Вдали туманы над полями.
В аллею темную вхожу я; сквозь кусты
Глядит вечерний луч, и желтые листы
     Шумят под робкими шагами.

И странная тоска теснит уж грудь мою:
Я думаю об ней, я плачу и люблю,
     Люблю мечты моей созданье

Wie oft, von einer bunten Menge umgeben, / wenn vor mir, wie durch einen Traum hindurch, / beim Lärm der Musik und des Tanzes, / beim verrückten Geflüster einstudierter Reden, / die Gestalten seelenloser Menschen an mir vorüberhuschen, / grimassierende Masken des Anstands,

wenn meine kalten Hände / von den längst schon nicht mehr zitternden Händen / der Stadtschönheiten mit lässiger Ungeniertheit berührt werden – / bin ich äußerlich von ihrem Glanz und ihrer Nichtigkeit in Anspruch genommen, / im Herzen aber hege ich einen Traum, / die heiligen Klänge untergegangener Jahre.

Und wenn es mir gelingt, mich für einen Augenblick / meiner Träumerei hinzugeben, fliege ich in der Erinnerung / wie ein freier, freier Vogel zur jüngsten Vergangenheit; / und ich sehe mich wieder als kleines Kind; und rings / all die vertrauten Plätze: das hohe Herrenhaus / und der Garten mit dem verfallenen Treibhaus;

der schlafende Teich ist von einem grünen Netz aus Gras überzogen, / und hinter dem Teich steigt der Rauch vom Dorf auf, und in der Ferne / erhebt sich der Nebel über den Feldern. / Ich betrete die dunkle Allee; durch die Büsche / schaut die Abendsonne, und die gelben Blätter / rascheln unter meinen zaghaften Schritten.

Und eine seltsame Melancholie preßt mir die Brust zusammen: / Ich denke an sie, ich weine und liebe, / liebe dieses Geschöpf meines Traums, / mit Augen, erfüllt von lazurnem

99

С глазами, полными лазурного огня,
С улыбкой розовой, как молодого дня
   За рощей первое сиянье.

Так царства дивного всесильный господин –
Я долгие часы просиживал один,
   И память их жива поныне
Под бурей тягостных сомнений и страстей,
Как свежий островок безвредно средь морей
   Цветет на влажной их пустыне.

Когда ж, опомнившись, обман я узнаю,
И шум толпы людской спугнет мечту мою,
   На праздник нéзванную гостью,
О, как мне хочется смутить веселость их,
И дерзко бросить им в глаза железный стих,
   Облитый горечью и злостью!..

1840

Licht, / mit einem rosigen Lächeln wie das erste Schimmern / des jungen Tags hinter dem Hain.

So, als ein allmächtiger Herrscher eines wunderbaren Reichs, / saß ich lange Stunden allein, / und die Erinnerung an diese Stunden ist bis auf den heutigen Tag lebendig geblieben / unter dem Sturm bedrückender Zweifel und Leidenschaften, / so wie eine kleine frische Insel mitten im Meer unschuldig / in der Wasserwüste blüht.

Und wenn ich dann zu mir komme und die Illusion erkenne, / und der Lärm der Menschenmenge meinen Traum in die Flucht schlägt, / diesen ungebetenen Gast auf dem Fest – / oh, wie verlangt es mich da, ihre Lustbarkeit zu stören / und ihnen tollkühn eiserne Verse ins Gesicht zu schleudern, / getaucht in Bitterkeit und Wut! …

B

И скучно и грустно

И скучно и грустно, и некому руку подать
  В минуту душевной невзгоды ...
Желанья!.. что пользы напрасно и вечно желать?..
  А годы проходят – все лучшие годы!

Любить ... но кого же?.. на время – не стоит труда,
  А вечно любить невозможно.
В себя ли заглянешь? – там прошлого нет и следа:
  И радость, и муки, и все там ничтожно ...

Что страсти? – ведь рано иль поздно их сладкий
                                              недуг
  Исчезнет при слове рассудка;
И жизнь, как посмотришь с холодным вниманьем
                                              вокруг, –
  Такая пустая и глупая шутка ...

1840

Посреди небесных тел
Лик луны туманный:
Как он кругл и как он бел!
Точно блин с сметаной ...

Кажду ночь она в лучах
Путь проходит млечный ...
Видно, там на небесах
Масленица вечно!

1840

Es ist langweilig und traurig

Es ist langweilig und traurig, und es gibt niemand, dem man die Hand geben könnte / im Augenblick seelischen Ungemachs ... / Wünsche! ... was nützt es, vergeblich und ewig zu wünschen? ... / Und die Jahre vergehen – alle besten Jahre!

Lieben ... aber wen? ... für eine Weile lohnt es die Mühe nicht, / und ewig lieben ist unmöglich. / Wenn du in dich hineinschaust, dann ist dort vom Vergangenen keine Spur: / Freude, Qualen und alles ist dort nichtig ...

Was sollen Leidenschaften? – über kurz oder lang schwindet ihr süßes Leid / doch beim Wort des Verstandes; / und das Leben ist, wenn du mit kalter Teilnahme umherblickst – / so ein leerer und dummer Scherz ...

P

Unter den Himmelskörpern / befindet sich das verschwommene Antlitz des Mondes: / Wie rund es ist und wie weiß! / Wie ein Pfannkuchen mit saurer Sahne ...

Jede Nacht, von Strahlen umgeben, / durchschreitet er die Milchstraße ... / Offenbar herrscht dort am Himmel / ein ständiges Wohlleben!

B

Отчего

Мне грустно, потому что я тебя люблю,
И знаю: молодость цветущую твою
Не пощадит молвы коварное гоненье.
За каждый светлый день иль сладкое мгновенье
Слезами и тоской заплатишь ты судьбе.
Мне грустно ... потому что весело тебе.

1840

Благодарность

За всё, за всё тебя благодарю я:
За тайные мучения страстей,
За горечь слез, отраву поцелуя,
За месть врагов и клевету друзей;
За жар души, растраченный в пустыне,
За всё, чем я обманут в жизни был ...
Устрой лишь так, чтобы тебя отныне
Недолго я еще благодарил.

1840

Warum

Ich bin traurig, weil ich dich liebe, / und ich weiß: Die
gehässige Hetze der üblen Nachrede / wird deine blühende
Jugend nicht schonen. / Für jeden hellen Tag oder angeneh-
men Augenblick / wirst du dem Schicksal mit Tränen und
Kummer bezahlen. / Ich bin traurig ... weil du fröhlich bist.

B

Dankbarkeit

Für alles, für alles danke ich dir: / für die geheimen Qualen
der Leidenschaften, / für die Bitterkeit der Tränen, das Gift
des Kusses, / für die Rache der Feinde und die Verleumdung
der Freunde; / für den Brand der Seele, vergeudet in der
Wüste, / für alles, wovon ich im Leben betrogen worden
bin ... / Nur richte es so ein, daß ich dir von heute an / nicht
noch lange danken muß.

B

Тучи

Тучки небесные, вечные странники!
Степью лазурною, цепью жемчужною
Мчитесь вы, будто, как я же, изгнанники,
С милого севера в сторону южную.

Кто же вас гонит: судьбы ли решение?
Зависть ли тайная? злоба ль открытая?
Или на вас тяготит преступление?
Или друзей клевета ядовитая?

Нет, вам наскучили нивы бесплодные …
Чужды вам страсти и чужды страдания;
Вечно холодные, вечно свободные,
Нет у вас родины, нет вам изгнания.

1840

Wolken

Ihr himmlischen Wolken, ihr ewigen Wanderer! / Durch die blaue Steppe zieht ihr als Perlenkette / dahin, als wärt ihr Verbannte wie ich, / vom geliebten Norden in südliches Land.

Wer aber jagt euch: die Entscheidung des Schicksals? / Etwa heimlicher Neid? etwa offene Bosheit? / Oder lastet ein Verbrechen auf euch? / Oder die giftige Verleumdung von Freunden?

Nein, ihr seid der unfruchtbaren Fluren überdrüssig geworden ... / Leidenschaften sind euch fremd und Leiden; / ewig kühl, ewig frei, / habt ihr keine Heimat, kennt ihr keine Verbannung.

B

Завещание

Наедине с тобою, брат,
Хотел бы я побыть:
На свете мало, говорят,
Мне остается жить!
Поедешь скоро ты домой:
Смотри ж... Да что? моей судьбой,
Сказать по правде, очень
Никто не озабочен.

А если спросит кто-нибудь...
Ну, кто бы ни спросил,
Скажи им, что навылет в грудь
Я пулей ранен был,
Что умер честно за царя,
Что плохи наши лекаря
И что родному краю
Поклон я посылаю.

Отца и мать мою едва ль
Застанешь ты в живых...
Признаться, право, было б жаль
Мне опечалить их;
Но если кто из них и жив,
Скажи, что я писать ленив.
Что полк в поход послали
И чтоб меня не ждали.

Соседка есть у них одна...
Как вспомнишь, как давно
Расстались!.. Обо мне она
Не спросит... все равно,

Das Testament

Mit dir, Bruder, wäre ich / gern eine Weile allein: / Es heißt, ich hätte nur noch / wenig zu leben auf der Welt! / Du wirst bald nach Hause fahren: / Schau doch … Aber wozu? Mein Schicksal, / um die Wahrheit zu sagen, / versetzt niemand weiter in Sorge.

Und wenn jemand fragt … / Egal, wer fragt, / sag ihnen, daß ich durch die Brust / von einer Kugel verletzt worden bin, / daß ich ehrenhaft für den Zaren gestorben bin, / daß unsere Ärzte schlecht sind / und daß ich der Heimat / einen Gruß schicke.

Vater und Mutter wirst du kaum / lebend antreffen … / Ich gestehe, es würde mir leid tun, / ihnen Kummer zu bereiten; / sollte aber einer von ihnen noch am Leben sein, / dann sage, daß ich zu faul bin zum Schreiben. / Daß das Regiment in Marsch gesetzt worden ist / und daß sie nicht auf mich warten sollen.

Sie haben eine Nachbarin … / Wenn man sich erinnert – wie lange / liegt der Abschied zurück! … Sie wird nicht / nach mir fragen … trotzdem, / sag ihr die ganze Wahrheit, /

Ты расскажи всю правду ей,
Пустого сердца не жалей;
Пускай она поплачет …
Ей ничего не значит!

1840

А. О. Смирновой

Без вас хочу сказать вам много,
При вас я слушать вас хочу;
Но молча вы глядите строго,
И я в смущении молчу.
Что ж делать?.. Речью неискусной
Занять ваш ум мне не дано …
Все это было бы смешно,
Когда бы не было так грустно …

1840

schone nicht ihr leeres Herz; / mag sie ein bißchen weinen ... / Es bedeutet ihr nichts!

B

An A. O. Smirnowa

Sind Sie fern, möchte ich Ihnen viel sagen, / sind Sie nah, möchte ich Ihnen zuhören; / doch schweigend schauen Sie mich streng an, / und verwirrt schweige ich. / Was soll ich tun? ... Mit einfacher Rede / Ihren Sinn gefangenzunehmen ist mir nicht gegeben ... / All das wäre komisch, / wenn es nicht so traurig wäre ...

B

Родина

Люблю отчизну я, но странною любовью!
Не победит ее рассудок мой.
      Ни слава, купленная кровью,
Ни полный гордого доверия покой,
Ни темной старины заветные преданья
Не шевелят во мне отрадного мечтанья.

Но я люблю – за что, не знаю сам –
Ее степей холодное молчанье,
      Ее лесов безбрежных колыханье,
Разливы рек ее, подобные морям;
Проселочным путем люблю скакать в телеге
И, взором медленным пронзая ночи тень,
Встречать по сторонам, вздыхая о ночлеге,
Дрожащие огни печальных деревень;
            Люблю дымок спаленной жнивы,
            В степи ночующий обоз
            И на холме средь желтой нивы
            Чету белеющих берез.
            С отрадой, многим незнакомой,
            Я вижу полное гумно,
            Избу, покрытую соломой,
            С резными ставнями окно;
            И в праздник, вечером росистым,
            Смотреть до полночи готов
            На пляску с топаньем и свистом
            Под говор пьяных мужичков.

1841

Die Heimat

Ich liebe das Vaterland, aber mit einer seltsamen Liebe! / Mein Verstand wird sie nicht besiegen. / Weder der durch Blut erkaufte Ruhm / noch der Friede voll stolzen Vertrauens, / noch die vertrauten Überlieferungen der dunklen alten Zeiten / werden in mir freudige Schwärmerei erregen.

Aber ich liebe – weshalb, weiß ich selbst nicht – / seiner Steppen kaltes Schweigen, / seiner uferlosen Wälder sanfte Bewegung, / die Hochwasser seiner Flüsse, die Meeren ähneln; / ich liebe es, auf einem Feldweg in einem Fuhrwerk geschüttelt dahinzufahren / und, wenn ich mit langsamem Blick den Schatten der Nacht durchdringe / und mich nach einem Nachtlager sehne, zu beiden Seiten / den flimmernden Lichtern der traurigen Dörfer zu begegnen; / ich liebe den Rauch des abgebrannten Stoppelfeldes, / den in der Steppe übernachtenden Wagenzug / und auf dem Hügel inmitten der gelben Flur / das Paar weiß schimmernder Birken. / Mit einer Freude, die vielen unbekannt ist, / sehe ich die volle Tenne, / die strohbedeckte Hütte, / das Fenster mit den geschnitzten Fensterläden; / und am Feiertag, am tauigen Abend, / mag ich bis Mitternacht zusehen / dem Tanz mit Getrampel und Gepfeife / beim Schwatzen der betrunkenen Bauern.

P

Из-под таинственной холодной полумаски
Звучал мне голос твой отрадный, как мечта,
Светили мне твои пленительные глазки,
И улыбалися лукавые уста.

Сквозь дымку легкую заметил я невольно
И девственных ланит и шеи белизну.
Счастливец! видел я и локон своевольный,
Родных кудрей покинувший волну!..

И создал я тогда в моем воображенье
По легким признакам красавицу мою:
И с той поры бесплотное виденье
Ношу в душе моей, ласкаю и люблю.

И всё мне кажется: живые эти речи
В года минувшие слыхал когда-то я;
И кто-то шепчет мне, что после этой встречи
Мы вновь увидимся, как старые друзья.

1841

Hinter der geheimnisvollen kühlen Halbmaske hervor / drang deine Stimme zu mir, tröstlich wie ein Traum, / leuchteten deine mich verzaubernden Augen / und lächelte dein listiger Mund.

Durch einen leichten Schleier hindurch erblickte ich ungewollt / deine keuschen Wangen und das Weiß deines Halses. / Ich Glücklicher! Ich sah auch eine eigenwillige Locke, / die die vertraute Welle der Locken verlassen hatte!

Und da schuf ich mir in meiner Phantasie / nach diesen leichten Merkmalen meine Schöne: / Seit der Zeit trage ich in meiner Seele / diese körperlose Erscheinung, liebkose und liebe sie.

Und immer will mir scheinen, als hätte ich diese lebendigen Worte / in vergangenen Jahren schon einmal gehört; / und jemand flüstert mir zu, daß wir uns nach dieser Begegnung / wie alte Freunde wiedersehen werden.

B

Договор

Пускай толпа клеймит презреньем
Наш неразгаданный союз,
Пускай людским предубежденьем
Ты лишена семейных уз.

Но перед идолами света
Не гну колени я мои;
Как ты, не знаю в нем предмета
Ни сильной злобы, ни любви.

Как ты, кружусь в веселье шумном,
Не отличая никого:
Делюся с умным и безумным,
Живу для сердца своего.

Земного счастья мы не ценим,
Людей привыкли мы ценить;
Себе мы оба не изменим,
А нам не могут изменить.

В толпе друг друга мы узнали,
Сошлись и разойдемся вновь.
Была без радостей любовь,
Разлука будет без печали.

1841

Vertrag

Mag die Menge mit Verachtung brandmarken / unseren ihr
rätselhaften Bund, / magst du durch die Voreingenommen-
heit der Menschen / der familiären Bande entbehren.

Aber vor den Götzen der Gesellschaft / beuge ich nicht
meine Knie; / wie du, sehe auch ich in ihr weder einen An-
laß / für heftige Erbitterung noch einen für Liebe.

Wie du, ziehe auch ich meine Kreise in geräuschvollem
Vergnügen, / ohne die einzelnen zu unterscheiden: / Ich
teile mit dem Klugen wie mit dem Törichten, / ich lebe für
mein Herz.

Das irdische Glück schätzen wir nicht, / die Menschen
schätzen wir durch Gewöhnung; / uns selbst werden wir
beide nicht untreu, / und uns kann keiner untreu werden.

In der Menge haben wir einander erkannt, / wir verbanden
uns und gehen wieder auseinander. / Ohne Freude war die
Liebe, / ohne Trauer wird die Trennung sein.

B

Прощай, немытая Россия,
Страна рабов, страна господ,
И вы, мундиры голубые,
И ты, им преданный народ.

Быть может, за стеной Кавказа
Сокроюсь от твоих пашей,
От их всевидящего глаза,
От их всеслышащих ушей.

1841

Утес

Ночевала тучка золотая
На груди утеса-великана;
Утром в путь она умчалась рано,
По лазури весело играя;

Но остался влажный след в морщине
Старого утеса. Одиноко
Он стоит, задумался глубоко,
И тихонько плачет он в пустыне.

1841

Leb wohl, du ungewaschenes Rußland, / du Land der Skla-
ven, Land der Herren, / und ihr, ihr blauen Uniformen, / und
du, ihnen ergebenes Volk.

Vielleicht kann ich mich hinter der Wand des Kaukasus /
vor deinen Paschas verbergen, / vor ihrem alles sehenden
Auge, / vor ihren alles hörenden Ohren.

B

Der Fels

Eine kleine goldene Wolke nächtigte / auf der Brust des rie-
sigen Felsens; / am Morgen flog sie früh davon, / fröhlich
tummelte sie sich im Ätherblau.

Doch blieb eine feuchte Spur zurück in einer Runzel / des
alten Felsens. Einsam / steht er da, in tiefes Nachdenken
versunken, / und leise weint er in der Ödnis.

B

Сон

В полдневный жар в долине Дагестана
С свинцом в груди лежал недвижим я;
Глубокая еще дымилась рана,
По капле кровь точилася моя.

Лежал один я на песке долины;
Уступы скал теснилися кругом,
И солнце жгло их желтые вершины
И жгло меня – но спал я мертвым сном.

И снился мне сияющий огнями
Вечерний пир в родимой стороне.
Меж юных жен, увенчанных цветами,
Шел разговор веселый обо мне.

Но, в разговор веселый не вступая
Сидела там задумчиво одна,
И в грустный сон душа ее младая
Бог знает чем была погружена;

И снилась ей долина Дагестана;
Знакомый труп лежал в долине той;
В его груди, дымясь, чернела рана,
И кровь лилась хладеющей струей.

1841

Traum

Im Tal von Dagestan, in mittäglicher Hitze, / lag ich reglos da mit Blei in der Brust; / die tiefe Wunde dampfte noch, / Tropfen um Tropfen sickerte mein Blut hervor.

Ich lag allein im Sande des Tals; / ringsum drängten sich die Vorsprünge der Felsen, / und die Sonne brannte auf ihre gelben Gipfel / und brannte auch auf mich – doch fiel ich in einen todesähnlichen Schlaf.

Und es träumte mir ein lichterfunkelndes / abendliches Fest daheim. / Unter den jungen blumenbekränzten Frauen / ging ein fröhliches Gespräch über mich.

Doch ohne sich an dem fröhlichen Gespräch zu beteiligen, / saß eine nachdenklich da, / und ihre jugendliche Seele war, Gott weiß wodurch, / in einem traurigen Traum versunken;

und es träumte ihr das Tal von Dagestan; / ein Toter, den sie kannte, lag in jenem Tal; / in seiner Brust schimmerte schwarz eine dampfende Wunde, / und das Blut ergoß sich in einem erkaltenden Strahl.

B

Выхожу один я на дорогу;
Сквозь туман кремнистый путь блестит;
Ночь тиха. Пустыня внемлет богу,
И звезда с звездою говорит.

В небесах торжественно и чудно!
Спит земля в сиянье голубом …
Что же мне так больно и так трудно?
Жду ль чего? жалею ли о чем?

Уж не жду от жизни ничего я,
И не жаль мне прошлого ничуть;
Я ищу свободы и покоя!
Я б хотел забыться и заснуть!

Но не тем холодным сном могилы …
Я б желал навеки так заснуть,
Чтоб в груди дремали жизни силы,
Чтоб, дыша, вздымалась тихо грудь;

Чтоб всю ночь, весь день мой слух лелея
Про любовь мне сладкий голос пел,
Надо мной чтоб, вечно зеленея,
Темный дуб склонялся и шумел.

1841

Ich gehe allein auf die Straße hinaus; / durch den Nebel schimmert der steinige Weg; / die Nacht ist still. Die Einöde lauscht Gott, / und der Stern spricht mit dem Stern.

Am Himmel ist es feierlich und wunderbar! / Die Erde schläft in einem blauen Glanz ... / Wieso ist mir so weh und so schwer zumute? / Erwarte ich etwas? Klage ich über etwas?

Ich erwarte vom Leben nichts mehr, / und um das Vergangene ist es mir keineswegs leid; / ich suche Freiheit und Ruhe! / Ich möchte mich vergessen und in den Schlaf sinken!

Aber nicht in jenen kalten Schlaf des Grabes ... / Ich wünschte für immer so einzuschlafen, / daß in der Brust die Lebenskräfte schlummern, / daß sich beim Atmen leise die Brust hebt;

daß mir, die ganze Nacht, den ganzen Tag mein Ohr ergötzend, / eine süße Stimme von Liebe singt, / daß sich über mich, ewig grünend, / die dunkle Eiche neigt und rauscht.

P

Нет, не тебя так пылко я люблю,
Не для меня красы твоей блистанье:
Люблю в тебе я прошлое страданье
И молодость погибшую мою.

Когда порой я на тебя смотрю,
В твои глаза вникая долгим взором:
Таинственным я занят разговором,
Но не с тобой я сердцем говорю.

Я говорю с подругой юных дней;
В твоих чертах ищу черты другие;
В устах живых уста давно немые,
В глазах огонь угаснувших очей.

1841

Nein, nicht dich liebe ich so glühend, / nicht für mich ist der Glanz deiner Schönheit: / Ich liebe in dir vergangene Leiden / und meine verlorene Jugend.

Wenn ich bisweilen auf dich schaue, / mit einem langen Blick mich in deine Augen versenke, / bin ich in einem geheimnisvollen Gespräch begriffen, / doch nicht mit dir spreche ich in meinem Herzen.

Ich spreche mit der Freundin meiner jungen Tage; / in deinen Zügen suche ich andere Züge; / auf den lebendigen Lippen längst verstummte Lippen, / in den Augen das Feuer erloschener Feuer.

B

Пророк

С тех пор как вечный судия
Мне дал всеведенье пророка,
В очах людей читаю я
Страницы злобы и порока.

Провозглашать я стал любви
И правды чистые ученья:
В меня все ближние мои
Бросали бешено каменья.

Посыпал пеплом я главу,
Из городов бежал я нищий,
И вот в пустыне я живу,
Как птицы, даром божьей пищи;

Завет предвечного храня,
Мне тварь покорна там земная;
И звезды слушают меня,
Лучами радостно играя.

Когда же через шумный град
Я пробираюсь торопливо,
То старцы детям говорят
С улыбкою самолюбивой:

«Смотрите: вот пример для вас!
Он горд был, не ужился с нами.
Глупец, хотел уверить нас,
Что бог гласит его устами!

Der Prophet

Seit der ewige Richter / mir die Allwissenheit des Prophe-
ten verlieh, / lese ich in den Augen der Menschen / ganze
Seiten von Bosheit und Laster.

Zu verkünden begann ich der Liebe / und der Wahrheit
reine Lehren: / Da warfen alle meine Nächsten / wie rasend
Steine auf mich.

Ich streute mir Asche aufs Haupt, / arm und bloß lief ich fort
von den Städten / und lebe jetzt in der Wüste, / wie die Vö-
gel, von der Gabe göttlicher Speise;

ich bewahre das ewige Vermächtnis, / gehorsam ist mir dort
die irdische Kreatur, / und die Sterne hören auf mich / und
spielen freudig mit ihren Strahlen.

Bahne ich mir aber rasch / meinen Weg durch die laute
Stadt, / dann sagen die Alten zu den Kindern / mit selbstge-
fälligem Lächeln:

»Seht mal: Das diene euch als Beispiel! / Er war stolz, ver-
trug sich nicht mit uns. / Dieser Dummkopf wollte uns
weismachen, / daß durch seinen Mund Gott spreche!

Смотрите ж, дети, на него:
Как он угрюм и худ и бледен!
Смотрите, как он наг и беден,
Как презирают все его!»

1841

Schaut ihn nur an, Kinder: / Wie unwirsch er ist, wie dürr und bleich! / Seht nur, wie nackt und arm er ist, / und wie alle ihn verachten!«

B

Anmerkungen

8 Moj demon · Mein Dämon

Zu Lebzeiten Lermontows unveröffentlicht. Erstdruck in *Otečestvennye zapiski* (Vaterländische Annalen) 1859.
Geschrieben während der Konzeption des Poems (Langgedicht) *Der Dämon,* dessen Titelgestalt Lermontow lebenslang beschäftigte. Beeinflußt von Puschkins Gedicht *Mein Dämon* (dann: *Der Dämon*) von 1823, das 1824 in der Zeitschrift *Mnemosyne* erschienen war. Bei Puschkin ist der Dämon eine Verkörperung seiner konkreten Bedrängnisse, bleibt aber letztlich eine literarische Figur, die keine Gewalt über ihn erlangt. Bei Lermontow dagegen wird der Dämon zu einem Teil seines Selbst, der Dichter identifiziert sich mit ihm, gemeinsam mit ihm stellt er sich gegen die ganze Welt und gegen Gott. Ein Vergleich zwischen den beiden »Dämon«-Gedichten zeigt, daß Puschkin, trotz des beunruhigenden Themas, relativ ruhig, ausgeglichen, ›klassisch‹ schreibt, Lermontow hingegen alle Sicherheiten des Klassizismus hinter sich läßt, düstere, byronsche Töne anstimmt, Weltflucht und stolze Einsamkeit in Bildern der Abgestorbenheit und des Todes ungefiltert zeigt und den unheimlichen Begleiter, diesen »Geist der Schwere« (Nietzsche), nicht mehr abschütteln kann. Wenn in der russischen Literatur- und Geistesgeschichte vom ›Dämon‹ gesprochen wird, dann ist in der Regel der Lermontowsche gemeint. Angeschlagen wird das Thema aber schon bei Milton und dann bei Goethe.

10 Elegija · Elegie

Zu Lebzeiten Lermontows unveröffentlicht. Erschienen in der Werkausgabe von 1889.
Was in diesem Gedicht des Fünfzehnjährigen (!) noch weltschmerzliche Pose sein mag, wird später blutiger Ernst. Diese Verse eines der eitlen Welt Überdrüssigen erinnern an die Selbstdarstellung von Puschkins Eugen Onegin in dem gleichnamigen Versroman, als er in seiner verblendeten Blasiertheit Tatjana abweist.

12 Kavkaz · Der Kaukasus

Zu Lebzeiten Lermontows unveröffentlicht. Erschienen in *Biblioteka dlja čtenija* (Lesebibliothek) 1845.

Im Sommer des Jahres 1825 machte auf den Zehnjährigen in einem Kurort im Kaukasus ein gleichaltriges Mädchen einen nachhaltigen Eindruck: »Dort sah ich ein Paar göttliche Augen.« Als Lermontow dieses Gedicht fünf Jahre nach jener Begegnung schreibt, ist die Liebessehnsucht immer noch lebendig – »fünf Jahre sind im Flug vergangen«. Und der Kaukasus ist zu einem seiner Lieblingsthemen geworden:

»Dir, Kaukasus, strenger Herrscher der Erde, / widme ich wieder meinen sorglosen Vers: / Segne ihn wie einen Sohn / und erleuchte ihn mit deiner schneeweißen Höhe! / Von jungen Jahren an siedet in meinem Blut / deine Glut und der rebellische Ausbruch deiner Stürme; / im Norden, in einem dir fremden Land, / bin ich im Herzen dein – immer und überall dein!« – so feiert Lermontow drei Jahre später zu Anfang seines Poems *Der Aul Bastundschi* (*Aul:* Bezeichnung der Bergdörfer im Kaukasus) diese Bergwelt als ein Sinnbild der Freiheit.

14 Opasenie · Befürchtung

Zu Lebzeiten Lermontows unveröffentlicht. Erschienen in der Werkausgabe von 1889.
Dieses Gedicht steht innerhalb der hochgespannten, dramatischen Lyrik der Jahre 1830/31 auffallend allein: Die Absage an die eheliche Liebe ist harsch im Ton, die Beschreibung des Erlöschens der Emotionen des gealterten Paars beinahe umgangssprachlich-prosaisch. Je nach Einstellung und Erwartung wird der Leser diese ›unpoetische‹ Schonungslosigkeit als mißlungen oder als überraschend modern empfinden …
14,8 *letun:* (dichter.) die Zeit (von *letet'* ›fliegen, vergehen‹).

16 Odinočestvo · Einsamkeit

Zu Lebzeiten Lermontows unveröffentlicht. Erstdruck in der Zeitschrift *Niva* (Die Flur) 1884.
Mit diesem Gedicht setzt ganz pronociert eines der konstanten Themen Lermontows ein, das Motiv des Widerspruchs zwischen dem Dichter und der ihn umgebenden Welt.

18 Utro na Kavkaze · Morgen im Kaukasus

Zu Lebzeiten Lermontows unveröffentlicht. Erschienen in der Werkausgabe von 1889.
Vielen russischen Dichtern, von Puschkin bis Pasternak und bis zur Gegenwart, ist der Kaukasus nahe, Lermontow aber besonders: Er war dort-

hin verbannt, kämpfte in der russischen Armee gegen die dortigen Völker, lernte deren Lebensweise kennen und sympathisierte mit ihrem Freiheitskampf. Das Leben im Kaukasus ist für ihn, jedenfalls in seiner Dichtung, synonym mit Heldenmut, Freiheitssinn, Ursprünglichkeit, Einklang mit der Natur. In dem Gedicht *Der Dichter,* erschienen 1839, wird das Wort des Dichters mit dem Dolch (kinžal), dem Symbol der Freiheit, verglichen, in der Schlußstrophe verschmelzen Dichter und Dolch zu einem einzigen Bild. Neben dem Dolch verweisen Wörter wie »Versammlungsglocke« (bei den Kosaken), »Prophet«, »Klinge«, »Rache« auf den politischen Charakter dieses Gedichts.

Unmittelbar vor dem *Morgen im Kaukasus* entstand ein Gedicht, in dem Lermontow den von den Russen unterworfenen Kaukasus so anredet: »Kaukasus! du fernes Land! / Wohnstätte einfacher Freiheit! / Von Leid bist du angefüllt / und voller Blut vom Krieg ...« Es nimmt nicht wunder, daß die vierbändige sowjetische Lermontow-Ausgabe zu diesem engagierten Gedicht keinen Kommentar liefert.

20 Noč'. III · Nacht. III

Zu Lebzeiten Lermontows unveröffentlicht. Erschienen in der Werkausgabe von 1889.

Es ist das vertraute Bild: der Einsame, Unverstandene in einer gleichgültigen Umwelt, hier in der Natur, »fern von unseren Gedanken, von unseren Stürmen«. Bemerkenswert die Ich-Verdopplung, die diese Verlorenheit und Isolation noch steigert: Der hier schreibt, sieht sich am Fenster stehen. Denn *er,* das ist niemand anders als der Dichter, der aus sich heraustritt, um sich klarer erfassen zu können. Genauer gesagt: Es ist nicht sein ganzes Ich, sondern jener Teil seines Selbst, der sonst als »Dämon« bezeichnet wird; der »Störer des Schlafs« mit der »aufrührerischen Brust« ist der Dichter, wie er sich selbst sieht und empfindet, wie er unter sich selbst leidet. Der Ruf nach einem »einzigen Freund« ist eher rhetorisch zu verstehen – der Dämon, hätte er Freunde, wäre wohl kein Dämon mehr. – »Die Kerze brennt, vergessen auf dem Tisch«: Wenn man weiß, wie stark Lermontow das Werk Boris Pasternaks geprägt hat, denkt man an dieser Stelle an eines der schönsten Gedichte Pasternaks, an die *Winternacht* aus dem den Roman *Doktor Schiwago* beschließenden Zyklus:

Es blies und blies der Wind der Welt,
und alles schwankte.
Die Kerze brannte auf dem Tisch,
die Kerze brannte ...

22 Posvjaščenie · Widmung

Zu Lebzeiten Lermontows unveröffentlicht. Erstdruck in *Otečestvennye zapiski* (Vaterländische Annalen) 1859.

Das Gedicht ist nicht, wie man vielleicht meinen könnte, an eine Frau, sondern an einen Mann gerichtet – wem Lermontow es verdankt, daß die *Muse* ihn wieder aufsuchte, konnte bisher nicht geklärt werden.

24 Gost' · Der Gast

Zu Lebzeiten Lermontows unveröffentlicht. Erschienen in der Werkausgabe von 1889.

Dieser Versuch einer Ballade – die Forschung hat auf Vorbilder hingewiesen: Schukowskij, Puschkin – bleibt, vor allem sprachlich, ein wenig blaß, konventionell, Lermontow hat das an sich spannungsvolle Thema der unverhofften Wiederbegegnung eines Mannes mit der Frau, die er einst liebte, ›verschenkt‹. Aber auch die weniger bemerkenswerten Gedichte haben im Gesamtwerk ihre Bedeutung, sagen etwas über den Werdegang des Autors – und haben nicht selten das Verdienst, andere zu einer glücklicheren Behandlung des Stoffs anzuregen.

26 Romans · Romanze

Zu Lebzeiten Lermontows unveröffentlicht. Erschienen in der Werkausgabe von 1889.

Dieses lyrische Fragment mit einem bitteren philosophischen Gehalt ist offenbar die Quintessenz aus einer großen Liebesenttäuschung.

28 1830. Majja. 16 čislo · Der 16. Mai 1830

Zu Lebzeiten Lermontows unveröffentlicht. Nach einer Teilveröffentlichung (Z. 1–6) 1887 vollständig erschienen in der Werkausgabe von 1889.

Eine stolze Absage des Dichters sowohl an mögliche Tröstungen des Jenseits: »Ich liebe die Qualen der Erde«, als auch an ein etwaiges ›Schwachwerden‹ gegenüber den verachteten Mitmenschen: »Unter euch möchte ich nicht wandeln«. Nur eines fürchtet er: daß Inspiration und Leidenschaft umsonst waren, daß nach seiner physischen »Zerstörung« sein Werk nicht weiterleben wird: »wurde dazu der Sänger geschaffen«? Ein Vergleich mit Hölderlins Gedicht *An die Parzen* könnte – toutes proportions gardées – ergiebig sein.

Zu Lebzeiten Lermontows unveröffentlicht. Erschienen in Berlin (!) 1862. In der Handschrift steht der Titel in Klammern; neben ihm befindet sich die (später hinzugefügte) Bemerkung: »(Dies ist ein Traum)«.

Das Gedicht wurde unter dem Eindruck von Bauernaufständen im Zusammenhang mit einer Choleraepidemie geschrieben, in deren Verlauf der Bruder von Lermontows Großmutter, der Gouverneur von Sewastopol, N. A. Stolypin, getötet wurde. Das Gedicht muß aber auch mit der Juli-Revolution des Jahres 1830 in Frankreich in Zusammenhang gebracht werden. Für den Fall eines ähnlichen Ereignisses in Rußland sagte Lermontow die Entwicklung der französischen Revolution voraus: Sturz der legalen Macht – Anarchie und blutiger Terror – Usurpation der Macht durch einen Militärdiktator. Dabei ist zu betonen, daß Lermontow prinzipiell keineswegs gegen die Beseitigung eines tyrannischen Regimes durch das Volk war. Nur befürchtete er, daß dieses nicht imstande sein würde, die neu gewonnene Macht zu bewahren und sinnvoll zu nutzen, und am Ende die Gewalt eines *mächtigen Mannes,* einer starken und skrupellosen Persönlichkeit, triumphieren werde.

31,2 *schwarzes Jahr:* eine feste Wortverbindung zur Bezeichnung von Zeiten des Aufruhrs und der Pest. Der berühmteste Aufstand in Rußland, oft literarisch behandelt und wissenschaftlich untersucht (s. Alexander Puschkin: *Die Hauptmannstochter* und *Geschichte Pugatschows*) war der des Donkosaken Jemeljan Pugatschow (1742–75, hingerichtet): Der Führer eines Volksaufstandes gegen den russischen Absolutismus (1773) erstrebte die Errichtung eines bäuerlichen Kosakenstaates; die Niederschlagung gelang erst durch ein großes Truppenaufgebot. Zuvor wütete in Rußland die Pest und 1830, im Entstehungsjahr des Gedichtes, die Cholera.

31,13 f. *ein stählernes Messer:* weist auf den Volkscharakter des Aufstands hin.

31,16 *sein Mantel mit der hohen Stirn:* Lermontow war ein großer Verehrer Napoleons, den er in *Borodino* und anderen Gedichten zwar als Rußland bedrohenden Usurpator behandelte, in anderen Gedichten aber als Verkörperung sowohl des romantischen Helden als auch als Fortsetzer der durch die Französische Revolution errungenen Freiheit verherrlichte. Die Kraft der bäuerlichen Massen wird strategisch eingesetzt werden von einem (romantisch gesehenen) Übermenschen – auch Pugatschow sprach von einem »Bauernzaren«, der die Aufständischen führen und nach Erringung der Macht herrschen wird ... – Eine ähnlich düstere Prophezeiung findet man in Alexander Bloks Gedicht *Gamajun, kündender Vogel* von 1899; eine Beeinflussung ist denkbar.

32 Smert' · Der Tod

Zu Lebzeiten Lermontows unveröffentlicht. Erstdruck in *Severnyj vestnik* (Der nördliche Bote) 1889. Das Autograph ist nicht erhalten.

Ob Lermontow zu dieser bitteren Lebensbilanz durch den Tod eines ihm nahe stehenden Menschen gebracht wurde, ist nicht bekannt. In Ton und Sprache zeigt dieses Gedicht, im Vergleich zu der *Elegie* aus dem Vorjahr (S. 10) noch keinen großen Fortschritt: Die Redseligkeit und die Häufung von Klischees sind nicht mehr als eine Vorbereitung für die reifen Gedichte, wenn auch eine Wendung wie: »die selbstsüchtige Menge, die vor Klugheit dumm ist«, aufhorchen läßt. (Zu dem Begriff »Menge« s. die Anm. zu dem Gedicht *Ne smejsja nad moej proročeskoj toskoju · Lache nicht über meine prophetische Trauer*, 147).

34 Zvuki · Klänge

Zu Lebzeiten Lermontows unveröffentlicht. Erstdruck in *Saratovskij listok* (Saratower Blatt) 1875. Gewidmet dem bekannten Moskauer Gitarristen M. T. Wyssozkij, entstanden nach einem seiner Konzerte.

Ein insofern bemerkenswertes Gelegenheitsgedicht Lermontows, als er sich hier gelöster als sonst zeigt und dem Dämon des Zweifels (vgl. dessen Apotheose in dem Langgedicht *Der Dämon*) keinen Raum gibt. Freilich: »auf die Worte der Menschen verläßt man sich besser nur in Gedanken ...«

36 Moj dom · Mein Haus

Zu Lebzeiten Lermontows unveröffentlicht. Erstdruck in *Severnyj vestnik* (Der nördliche Bote) 1889. Das Autograph ist nicht erhalten.

Ein großes, das All umspannendes Bild, das der Sechzehnjährige von seinem Lebens- und Dichterraum entwirft, der, bei aller Materialität (Dach, Wand), ein idealer und unbegrenzter Seelenraum ist. Diese Sehnsucht nach himmlischen Welten, nach dem Paradies (vgl. das Gedicht *Angel · Der Engel* S. 50). Dort werden gegen die »langweiligen Lieder der Erde« die »Klänge des Himmels« gesetzt), die der Seele eingeboren ist, unterscheidet den Schüler, bei sonstigen Ähnlichkeiten, von seinem Lehrer und Vorbild Puschkin. Das Thema der Zerrissenheit am Schluß des Gedichts (»leiden« und »ruhig sein« zugleich, schicksalhaft und doch auch gern akzeptiert) erhält seine gültige Ausformung ein Jahr später in dem Gedicht *Parus · Das Segel* (S. 62).

38 Potok · Der Strom

Zu Lebzeiten Lermontows unveröffentlicht. Erstdruck in *Severnyj vestnik* (Der nördliche Bote) 1889.
In einer die Allegorie fast schon überwindenden Darstellungsweise gibt der Dichter der leidenschaftlich-tätigen Einstellung zum Leben den Vorzug vor passivem ›Glück‹, »untätige Ruhe« befriedigt ihn nicht.

40 Nikto ne dorožit mnoj na zemle · Niemand auf der Welt hält
     etwas auf mich

Zu Lebzeiten Lermontows unveröffentlicht. Erschienen in *Sobranie sočinenij* (Gesammelte Werke) 1860.
Diese, die neunte Strophe des aus 32 Strophen bestehenden philosophischen Gedichts *1831-go ijunja 11 dnja · Am elften Junitag des Jahres 1831* des jungen Lermontow, liefert ein auch für die kommenden Jahre gültiges Selbstporträt. Hauptthema des gesamten Gedichts ist der Durst nach (dichterischen) Taten, nur der in Handlung umgesetzte Gedanke oder Traum zählt.

40 Čaša žizni · Der Kelch des Lebens

Zu Lebzeiten Lermontows unveröffentlicht. Erstdruck in *Otečestvennye zapiski* (Vaterländische Annalen) 1859.
Das Leben als Kelch: eine überkommene Metapher. Lermontow benützt sie zu einer vollständigen Desillusion, was seinen Inhalt betrifft: Es war nur ein Traum, und nicht einmal der unsrige. Das erinnert an ein kleines Gedicht von Tjutschew aus dem Jahre 1848 oder 1849, in dem es heißt, daß unser Leben nicht (einmal) dem leichten, zum Himmel steigenden Rauch gleiche, sondern nur seinem dunklen Schatten. – Die Überschrift dieses Gedichts hat Iwan Bunin zum Titel eines 1922 in Paris erschienenen Buches mit Prosa und Lyrik gemacht.

42 Ispoved' · Beichte

Zu Lebzeiten Lermontows unveröffentlicht. Erstdruck in *Otečestvennye zapiski* (Vaterländische Annalen) 1859.
Trotz einer gewissen, allerdings sehr skeptischen Bereitschaft, an das Gute (im Menschen) zu glauben, doch die »Beichte«, daß der Verstand auf all diese Möglichkeiten ›nein‹ sagt. Gleichzeitig aber auch eine Beichte anderer Art: ein offenes Sich-Bekennen zu dem, was die Allgemeinheit als

negativ empfindet: Eben dieses *Gift* illusionsloser Erkenntnis ist es, das das Herz des hier sprechenden Ichs mit seinem »höhnischen (oder giftigen) Feuer« »belebt« und »nährt«. In dem späteren Gedicht *Dankbarkeit* wird Lermontow das Thema, diesmal noch knapper und zugespitzter, wieder aufnehmen. Reizvoll ist der antithetische Aufbau, der ein wenig an Puschkins Gedicht *Wenn ich, in süßer Hoffnung kindlich atmend...* (s. Alexander Puschkin, *Gedichte,* Stuttgart 1998, Reclams Universal-Bibliothek, 3731) erinnert.

44 Prekrasny vy, polja zemli rodnoj · Schön seid ihr, ihr Felder des heimatlichen Landes

Zu Lebzeiten Lermontows unveröffentlicht. Erschienen in der Werkausgabe von 1889.

Diese Verse des jungen Lermontow sind eine Art Vorstufe zu dem großen *Heimat*-Gedicht des reifen Dichters. Was 1831 noch aggressive Gegnerschaft ist, das äußert sich zehn Jahre später gelassen und milde. Und vor allem: Die pauschalen Urteile weichen einem differenzierenden Wahrnehmen. In dem frühen Gedicht sind »Heimat«, »Winter«, »Nebel«, »Steppe«, »Schnee« fast Abstrakta; im späten sind sie gegenständlich, anschaulich, wirken individuell – der Dichter hat sich während dieser Zeitspanne entscheidend entwickelt. Doch auch ein frühes Gedicht kann seine Vorzüge, ja seine unwiederholbaren ›Stellen‹ haben. Welcher Siebzehnjährige hat Zeilen geschrieben wie diese: »sein Winter gleicht dem ersten Winter, / wie seine Völker den ersten Menschen gleichen«? Und welcher jugendliche Poet vermochte es, mit einem Gedicht dem Leser das Typische seines Denkens so präzise und einprägsam vor Augen zu stellen, ihm gleichsam für jetzt und immer ein sicheres Erkennungszeichen mitzugeben?

46 Nebo i zvezdy · Himmel und Sterne

Zu Lebzeiten Lermontows unveröffentlicht. Erschienen in *Biblioteka dlja čtenija* (Lesebibliothek) 1845.

Neun Jahre später nimmt Lermontow das Thema dieses Gedichts wieder auf, und zwar in den *Tuči · Wolken* (S. 106), einem der schönsten Wolkengedichte der russischen Literatur. Und hier wie dort kommt eine doppelte Fremdheit des lyrischen Ichs zum Ausdruck: Nicht nur, daß es den Himmel und die Sterne bzw. die Wolken um ihre andersartige, von Gefühlen und Gedanken unabhängige Existenzweise beneidet (ein in der Dichtung nicht seltenes Thema), es leidet gleichzeitig daran, unter den Menschen fremd zu sein.

46 Pust' ja kogo-nibud' ljublju · Auch wenn ich jemand liebe

Zu Lebzeiten Lermontows unveröffentlicht. Erschienen in *Sobranie sočinenij* (Gesammelte Werke) 1880.

Die zutiefst pessimistische Haltung dieses kurzen Gedichts, in dem die Liebe als ein »verpesteter Fleck« bezeichnet wird, ist durch den kurz zuvor eingetretenen Tod des Vaters begründet worden. Ein von Lermontow gestrichener Entwurf lautet: »Ich bin ein Sohn des Leidens. Mein Vater / kannte am Ende keine Ruhe. / In Tränen erlosch meine Mutter; / von ihnen blieb nur ich übrig, / ein unnützes Glied auf dem Fest der Menschen …«

48 K*** · An***

Zu Lebzeiten Lermontows unveröffentlicht. Erstdruck in *Russkaja mysl'* (Der Russische Gedanke) 1881.

Vor dem Gedicht hat Lermontow das *deutsche* Original der ersten vier Zeilen notiert:

> Sie ist zu schön um tugendhaft zu sein,
> Um treu zu lieben ist zu lieblich sie;
> Wohl tausend Herzen könnte sie erfreun,
> Doch selbst – selbst glücklich wird sie nie.

Der Autor dieses deutschen Gedichts konnte nicht ermittelt werden.

48 Kto v utro zimnee, kogda valit · An einem Wintermorgen, beim Fallen

Zu Lebzeiten Lermontows unveröffentlicht. Erstdruck in der Zeitung *Rus'* (Rus) 1881.

Im Unterschied zu früheren Landschaftsgedichten keine heroisch-romantische Landschaft mehr äußerlicher Wirkung, sondern die sanfte, »graue Steppe« Mittelrußlands, die der philosophisch-elegischen Stimmung korrespondiert. Der Klang der Glocke, der »der Welt alles verkündet«, selbst aber »allem fremd« bleibt, kann auf die isolierte Stellung des Dichters, wie Lermontow ihn sieht, und auf sein inhaltsreiches, zugleich aber machtloses Wort bezogen werden.

50 Angel · Der Engel

Das einzige seiner Jugendgedichte, das Lermontow zu Lebzeiten unter seinem Namen veröffentlichte, ohne es jedoch in seinen Auswahl-Gedichtband von 1840 aufzunehmen, vermutlich wegen einer negativen Reaktion des Kritikers Belinskij, des Literaturpapstes jener Zeit. Nach eigener Aussage wurde Lermontow zu diesem 1831 geschriebenen Gedicht durch ein Kinderlied inspiriert, das ihm seine Mutter oft vorgesungen hatte. Das urromantische Thema von der Seele als Gefangene der Welt, die eine Ahnung vom Paradies in sich trägt, erscheint neunzig Jahre später in Wladislaw Chodassjewitschs *Elegie* in neuromantischer Tönung.

52 Siluèt · Schattenriß

Zu Lebzeiten Lermontows unveröffentlicht. Erstmals unvollständig gedruckt in *Otečestvennye zapiski* (Vaterländische Annalen) 1859, vollständig erschienen in der Werkausgabe von 1889.
Es kann nicht genug betont werden, daß dies das Gedicht eines Siebzehnjährigen ist! Bei aller jugendlichen Lust zur Provokation und zu schockierenden Vergleichen – es ist ein kleines Meisterwerk, dem mit Etiketten wie ›Byronnachfolge‹, ›spätromantisch‹ und dergleichen nicht beizukommen ist und das Heinrich Heine vermutlich mit großem Vergnügen gelesen hätte. Niemand unter den russischen Dichtern kommt dem Deutschen so nahe wie Lermontow, keiner hat ihn so kongenial ins Russische übersetzt wie er.

54 Kak duch otčajan'ja i zla · Wie der Geist der Verzweiflung und des Bösen

Zu Lebzeiten Lermontows unveröffentlicht. Erstdruck in *Otečestvennye zapiski* (Vaterländische Annalen) 1859.
Von den Worten und Bildern her konventionell, im Ton knapp und kühl, vom Thema her provokant – eine originelle Antwort des jungen Lermontow auf so viele Gedichte, in denen die irdische Liebe mit den Weihen einer himmlischen (Vorher-)Bestimmung und der rettenden Kraft vor dem ›Bösen‹ ausgestattet wird.

54 Ja ne ljublju tebja · Ich liebe dich nicht

Zu Lebzeiten Lermontows unveröffentlicht. Erschienen in *Biblioteka dlja čtenija* (Lesebibliothek) 1844.
Dieses Gedicht schließt unmittelbar an das vorausgehende an, obwohl man, von der Aussage her, einen langen zeitlichen Abstand annehmen könnte. Das zeigt (wieder), daß in Lermontows Brust wirklich die sprichwörtlichen zwei Seelen wohnen und daß schon dem jugendlichen Dichter

Themen und Töne verschiedener Lebensstadien zur Verfügung stehen, die ein anderer nacheinander durchläuft. Der aphoristische Schluß des Gedichts ist eine Entlehnung aus Chateaubriands *Mémoires d'outre-tombe*, wo es in VI,2 heißt: »Le Dieu n'est point anéanti parce que le temple est désert« (»Gott ist keineswegs vernichtet, nur weil der Tempel verlassen ist«). – Lermontow nahm dieses Gedicht in den Band von 1840 auf; die letzte Zeile wurde durch Pünktchen ersetzt.

56 Zemlja i nebo · Erde und Himmel

Zu Lebzeiten Lermontows unveröffentlicht. Erstdruck in *Severnyj vestnik* (Der nördliche Bote) 1889. Das Autograph ist nicht erhalten.

Die romantisch-philosophische Antithese Erde – Himmel in diesem lyrischen Monolog ist für Lermontows Dichtung zentral. Ohne das »himmlische Glück«, ja seine hohe Überlegenheit über das »irdische Glück« in Frage zu stellen, hat letzteres doch den großen Vorzug, daß wir wissen, »wie es beschaffen ist«. Zwar wird zugegeben, daß wir »zuzeiten etwas anderes suchen«, d. h., daß uns Gedanken und Hoffnung beschäftigen, die über den Bereich des Irdischen hinausgehen. Doch ziehen wir das kurze irdische Leben vor: »Was in unserer Macht steht, ist uns angenehmer.« Diese Überlegungen ergänzen in gewisser Weise jene in dem früheren Gedicht *Majja . 16 čislo · Der 16. Mai 1830* (S. 28). – Den Höhepunkt in der Behandlung des Themas stellt das jedem Russen vertraute Poem Lermontows *Der Dämon* dar, und hier das der Verführung Tamaras dienende Preislied des gefallenen Engels auf die Unvollkommenheit der irdischen Existenz: »Kaum erblickte ich dich – / schon begann ich insgeheim plötzlich / meine Unsterblichkeit und meine Macht zu hassen. / Ungewollt empfand ich Neid / gegenüber der unvollständigen irdischen Freude; / schmerzlich empfand ich, nicht so zu existieren wie du, / und schrecklich, getrennt von dir zu leben [...] / Ohne dich, was soll mir da jene Ewigkeit? / Die Unendlichkeit meines Herrschaftsgebiets? / Tönende, leere Worte, / ein riesiger Tempel – ohne Gottheit!«

58 Net, ja ne Bajron · Nein, ich bin nicht Byron

Zu Lebzeiten Lermontows unveröffentlicht. Erschienen in *Biblioteka dlja čtenija* (Lesebibliothek) 1845.

Lermontows Freundeskreis, darunter bedeutende Köpfe, begann seine Dichtung schon von 1830 an zu schätzen. Es wird vermutet, daß ihn einer aus diesem mit Byron verglich und Lermontow daraufhin die vorliegende Antwort gab. Typisch ist, daß auch dieses Gedicht, wie manches andere

von ihm, mit einer Verneinung beginnt. Ebenso typisch – das allerdings
für die ganze russische Lyrik, und nicht nur für sie – der Wortschatz aus
der religiösen Sphäre (*izbrannik* ›Auserwählter‹; *strannik* ›Wanderer, Pil-
ger‹). Die absolute Steigerung der letzten Zeile kann man als stolze Selbst-
vergewisserung oder als maßlose Selbsterhöhung und -überhebung lesen.
Erinnert sei aber daran, daß zum Beispiel Goethe Dichter ohne Stolz und
ohne besonderes Vertrauen in ihr Können geringschätzte: »Nur die Lumpe
sind bescheiden, / Brave freuen sich der Tat.«

58 Ja žit' choču · Ich möchte leben

Zu Lebzeiten Lermontows unveröffentlicht. Vollständig erschienen in der
Werkausgabe von 1889.
Dieses Gedicht ist durch einen Brief überliefert, den Lermontow an S. A.
Bachmetjewa schrieb. Die in der Moderne oft gestellte Frage, ob Unglück
und Leid unabdingbare Voraussetzungen für (große) Dichtung seien, wird
hier eindeutig beantwortet. Lermontow geht weiter als andere: Es ist ty-
pisch für ihn, wenn er die »Trauer« erzwingen will, wenn er sich willent-
lich vornimmt, für diese »Liebe« und »Glück« hinzugeben und den
»Hohn« der Gesellschaft geradezu auffordert, seine »Ruhe zu verjagen« –
nur kein Liebling der Götter sein, dem die »Klänge des Himmels« und der
»Ruhm« umsonst zufliegen. So wird die Eingangszeile verständlich: Le-
ben heißt leiden, aber aktiv leiden, d. h., das Leiden suchen, es erzwingen
und es dann in Dichtung umsetzen. Resignierendes Verstummen und Sich-
Abfinden mit den (gesellschaftlichen) Gegebenheiten ist die Sache Ler-
montows nicht, und ebenfalls nicht das demütige Entgegennehmen dich-
terischer Fähigkeiten: Was er braucht, das nimmt er sich stolz und bezahlt
dafür.

60 Slova razluki povtorjaja · Während sie die Worte der Tren-
nung wiederholt

Zu Lebzeiten Lermontows unveröffentlicht. Erstdruck in *Saratovskij li-
stok* (Saratower Blatt) 1876.
Das Gedicht entstand vor Lermontows Abreise aus Moskau nach Peters-
burg Anfang August 1832.
Was zwischen der Angeredeten und dem lyrischen Ich auf den ersten
Blick eine unüberbrückbare Distanz zu sein scheint, ist letztlich ein Un-
terschied in der Akzentuierung: Sie wirft ihre Hoffnung auf die Zukunft,
auf eine unendliche Zeit; für ihn zählt nur die tatsächlich erlebte Zeit, die
Vergangenheit. Zwei sehr unterschiedliche Lebenseinstellungen, die aus

den beiden Gesprächspartnern wohl doch Fremde machen, auch wenn eine kleine sprachliche Beobachtung sie wieder einander annähert: Seine Präzisierung »für immer«, russ. *navek*, ist inhaltlich im Prinzip auch eine »Ewigkeit«, russ. *večnost'*, auf die sie hofft; und in beiden Wörtern steckt der Stamm *vek*, »Leben, Lebenszeit«, »Zeitlauf«, »Menschenalter«, »Jahrhundert«, »Ewigkeit« …

Wenn man diese ›Klarstellung‹ in Sachen Religion oder Zukunftshoffnung als Selbstaussage Lermontows verstehen darf, so sind diese Strophen ein wichtiger Charakterzug für ein Gesamtbild des Dichters.

62 Parus · Das Segel

Erstdruck in *Otečestvennye zapiski* (Vaterländische Annalen) 1841.

Lermontow schrieb dieses Gedicht am Ufer des Finnischen Meerbusens, nach seiner Rückkehr nach St. Petersburg; es erschien erst kurz nach seinem Tode. Die erste Zeile zu diesem Gedicht fand Lermontow in einem Poem vom Bestushew-Marlinskij (1797–1837). Sie diente dann ihrerseits einem Späteren, Valentin Katajew (1897–1986), als Titel für einen 1936 erschienenen Roman, dt.: »Es blinkt ein einsam Segel«. Das Thema des Segels tritt bei Lermontow selbst am Schluß der Erzählung *Prinzessin Mary* in dem Roman *Ein Held unserer Zeit* auf, sowie als Sujet eines Aquarells. Man kann diese berühmten Verse, die unter dem ›Segel‹ eines konventionellen Bildes daherkommen, als die existentielle Aussage eines großen Einsamen lesen, wird aber auch nachvollziehen können, warum es in dem Kommentar der vierbändigen Lermontow-Ausgabe von 1975 heißt: »Das Gedicht wurde in der russischen Öffentlichkeit als Ausdruck der fortschrittlichen gesellschaftlichen Ideen jener Zeit aufgefaßt.«

64 On byl rožden dlja sčast'ja · Er war geboren für das Glück

Zu Lebzeiten Lermontows unveröffentlicht. Erschienen in *Russkij archiv* (Russisches Archiv) 1863.

Ein Lebensabriß des Dichters mit dem zentralen Thema des zu früh Gereiften. Der lange Vergleich mit einer Frucht zwischen Blüten, die konventionellen Bilder, die zahlreichen Abstrakta machen dieses Gedicht nicht zu einem Meisterwerk. Dennoch ist es für das Selbstverständnis des Dichters von Bedeutung. Das Gefühl, unter einem Verhängnis zu leben und einem frühen Tod entgegenzugehen, wird auch in anderen Gedichten thematisiert (zum Beispiel *Ne smejsja nad moej proročeskoj toskoju · Lache nicht über meine prophetische Trauer*, S. 84).

Das Gedicht wurde auf Puschkins Tod geschrieben (dieser war am 29. Januar 1837 im Duell gefallen). Das Autograph des vollständigen Textes ist nicht erhalten. Ohne die Geschichte seiner Überlieferung hier darlegen zu wollen, ist aus den Details hervorzuheben, daß Lermontow, offenbar, um die Schärfe der Aussage zu mildern, nachträglich ein in Gedichtform gehaltenes Motto geschrieben hat, in dem er den Zaren direkt anspricht:

> Vergeltung, Majestät, Vergeltung!
> Ich falle dir zu Füßen:
> Sei gerecht und bestrafe den Mörder,
> damit seine Strafe in künftigen Zeiten
> den Nachkommen dein gerechtes Urteil verkünde
> und die Missetäter eine Abschreckung in ihr sehen.

Dieses einem französischen Autor entlehnte Motto wurde dem Gedicht erst in einer Publikation des Jahres 1887 beigegeben. Aus dem genannten Grunde jedoch, eben weil es der Intention des Gedichts zuwiderläuft, wurde es in neuen Ausgaben wieder fortgelassen.

Das Gedicht erfuhr eine ungeheure öffentliche Resonanz, es kreiste in zahlreichen Abschriften. Dies hatte zweierlei zur Folge: Zum einen wurde schlagartig deutlich, daß nun Lermontow selbst zu Puschkins würdigem Nachfolger aufgerückt war. Schwer zu beweisen, aber sehr plausibel ist die Annahme, daß Lermontow sich mit diesem Gedicht von dem angebeteten Über-Vater Puschkin freigeschrieben habe. Dessen Tod hätte dann nicht nur dieses Gedicht eines bewußten Protests, ja eines offenen Aufruhrs bewirkt, sondern die zweite und entscheidende Geburt des *Dichters* Lermontow herbeigeführt. Keinem Zweifel jedenfalls unterliegt die Tatsache, daß Lermontow sich der Zäsur nicht nur in der Geschichte Rußlands und seiner Literatur, sondern auch in seinem persönlichen Werdegang vollkommen bewußt war: Es darf mit Fug und Recht angenommen werden, daß er sich von nun an nicht nur als (eigenständiger) Fortsetzer von Puschkins Lebensaufgabe und Werk fühlte, sondern sich als Statthalter der nationalen Dichtung sah.

Zum anderen drängten die maßgebenden Kreise auf eine Abrechnung mit ihrem ›Verleumder‹. Lermontow und sein Freund S. A. Rajewskij, der an der Verbreitung des Gedichts beteiligt war, wurden verhaftet, und am 25. Februar wurde auf allerhöchsten Befehl das Urteil verkündet, das für Lermontow in der Versetzung zur kämpfenden Kaukasus-Armee bestand.

67,1 *als Sklave der Ehre:* Seit längerem waren in Petersburg Gerüchte über den ›gehörnten‹ Dichter in Umlauf, was Puschkin bekannt war. Auf einen anonymen Brief vom 4. November schickte er an Georges d'Anthès, den Verehrer seiner Frau Natalija, eine Duellforderung. Das Duell konnte mit Mühe verhindert werden. Nach einem neuerlichen anonymen Schreiben wurde es unumgänglich. Am 27. Januar fand es am Schwarzen Flüßchen in der Nähe Petersburgs statt. Puschkin wurde schwer verwundet, starb am 29. Januar und wurde, auf Wunsch der Obrigkeit, unter Geheimhaltung beigesetzt.

67,18 *Kaltblütig hat sein Mörder:* Georges d'Anthès, ein französischer Monarchist, war 1833 nach Rußland geflohen, hatte es verstanden, in die einflußreichen Kreise am Hof vorzustoßen und sich an der Hetze gegen Puschkin beteiligt. Nach dessen Tod wurde er aus Rußland ausgewiesen.

69,3 f. *wie jener unbekannte, doch liebenswürdige Sänger:* Gemeint ist die Gestalt des Wladimir Lenskij in Puschkins Versroman *Eugen Onegin.*

71,1 *Ihr aber, ihr hochmütigen Nachkommen:* Nach dem Zeugnis S. A. Rajewskijs wurde dieser Abschnitt später geschrieben, und zwar als Reaktion auf den Versuch, Puschkins Andenken zu beschmutzen und d'Anthès reinzuwaschen.

Es handelt sich nicht um einen Pauschalangriff Lermontows auf die junge (Adels-)Generation insgesamt. Diese besaß im Umgang mit der Hinterlassenschaft ihrer Vorfahren durchaus kritische Distanz, wenn sie auch nach wie vor politisch unmündig gehalten wurde und Kulturleistungen nur in einem sehr engen Rahmen möglich waren: »Autokratie« und »Leibeigenschaft« bezeichnete Uwarow, der von 1833 bis 1843 die konservativreaktionäre Bildungspolitik seiner Vorgänger fortsetzte, als die unverletzlichen Dogmen der politischen Religion in Rußland! Nein, diese Philippika gilt jener Gruppe, die »am Thron steht als gierige Schar« und »als Henker von Freiheit, Genie und Ruhm« durch perfide Machenschaften Puschkin in den Tod gehetzt hat – man könnte meinen, Lermontow nähme den scharfen Ton Catulls wieder auf, der in einer Invektive die Günstlinge Caesars als Hurer, Fresser und Spieler qualifizierte.

Lermontows Gedicht auf Puschkins Tod mag dem Leser durch konventionelle Bilder und Vergleiche ein gewisses Mißbehagen bereiten. Hierbei ist zu bedenken, daß es sich weniger um ein Gedicht im eigentlichen, lyrischen Sinne handelt, als vielmehr um eine öffentliche, für die Öffentlichkeit Rußlands bestimmte Stellungnahme in Versform. Man könnte sogar sagen: um eine höchstrichterliche Anklage, deren Geist sich nicht auf einen Gesetzeskodex, sondern auf das ungeschriebene Gesetz menschlicher Wahrheit und Wahrhaftigkeit beruft. Mit anderen Worten: Der ein-

deutige Appellcharakter dieser Verse hat letztlich Vorrang vor jener mehr-
deutigen Bildhaftigkeit, die gewöhnlich die Qualität eines Gedichts be-
gründet. Dessen ungeachtet zählt *Der Tod des Dichters* in Rußland zum
unvergänglichen Bestand seiner Dichtung.

72 Borodino · Borodino

Erstdruck in der Zeitschrift *Sovremennik* (Der Zeitgenosse) 1837, dann
1840 in dem Band *Stichotvorenija M. Lermontova* (Gedichte M. Lermon-
tows).
Dieser als Erzählung eines alten Kämpfers stilisierte dichterische Bericht
von der Schlacht von Borodino ist das erste von Lermontows Gedichten,
das mit seinem Namen und Wissen veröffentlicht wurde. Es machte sei-
nen Verfasser sofort und für immer bekannt. Vor allem die Tatsache, daß
es in Puschkins berühmter Zeitschrift *Sovremennik* (Der Zeitgenosse) er-
scheinen konnte, verlieh ihm einen programmatischen Charakter. Erst-
mals in der russischen Dichtung wird hier von der entscheidenden
Schlacht bei Borodino, einem Dorf in den Smolensk-Moskauer Höhen,
berichtet, in der die Große Armee Napoleons über die russische Armee
unter General Kutusow siegte. Das Besondere an diesem russischen ›Va-
terländischen Gesang‹ ist der einfache Berichtston, die anschaulichen,
umgangssprachlichen Ausdrücke, die Perspektive von unten, aus dem
Schlachtgetümmel heraus, in dem der angeredete Großvater selbst war.
Seine wiederholte Klage: »Helden waren das, nicht solche wie ihr!« sollte
nicht als Heldenverehrung aufgefaßt werden. Lermontow ging es eher
darum, die Untätigkeit seiner Zeitgenossen anzuprangern und sie zu Taten
zu ermuntern. – Lew Tolstoj nannte *Borodino* den »Kern« zu seinem Ro-
man *Krieg und Frieden*. Abram Terz (Andrej Sinjawskij) macht in seinen
Promenaden mit Puschkin die (zutreffende) Bemerkung, daß *Borodino*
das einzige positive Gedicht des Melancholikers Lermontow sei. – Eine
Art Vorform zu *Borodino* ist das *Feld von Borodino* aus dem Jahr 1830.
Hier wird, ohne Dialog, ebenfalls aus der Ich-Perspektive berichtet. Wenn
diese erste Fassung noch nicht die historische Konkretheit der zweiten, er-
weiterten Fassung aufweist, so ist sie dafür lebendiger, ›natürlicher‹, läßt
den Schrecken des Krieges, des Kampfes Mann gegen Mann unmittelba-
rer zur Wirkung kommen. Eindrucksvoll z. B. der Vergleich mit anderen
historischen Schlachten: »Dort bewegte Ruhm die Seelen, / hier herrschte
die Verzweiflung« – das klingt fast wie ein Vergleich der Stimmungen zu
Anfang des Ersten und des Zweiten Weltkriegs. Weiter heißt es in dieser
Strophe: »Stumm schlossen wir die Reihen, / der Geschützdonner
dröhnte, die Kugeln jaulten, / ich bekreuzigte mich. / Mein Kamerad fiel.

Blut quoll hervor …« Das sind knappe, präzise Sätze, die wie die Schläge des Schicksals aufeinander folgen und die ganze Hilflosigkeit in diesem grauenhaften Geschehen überzeugend zum Ausdruck bringen; vermieden wird jede Heroisierung, ein ›höherer‹ geschichtlicher Sinn wird nicht postuliert. Letzteres ist auch im späteren Gedicht nicht der Fall, spürbar ist aber doch der Wille des Autors zur abgeklärten und gültigen Aussage – die Lesebuchwürde ist nicht fern.

80 Na serebrjanye špory · Nachdenklich betrachte ich

Zu Lebzeiten Lermontows unveröffentlicht. Erstdruck in *Saratovskij listok* (Saratower Blatt) 1876. Geschrieben während seines Besuchs der Junkerschule.

Eine ironisch-satirische Kritik an den Früchten der Aufklärung, die sich, als prinzipielle Infragestellung oder Ablehnung der Segnungen der westlichen Zivilisation, bis heute durch die russische Literatur zieht.

82 Kogda volnuetsja želtejuščaja niva · Wenn die gelb werdende Flur wogt

Erschienen in dem Band *Stichotvorenija M. Lermontova* (Gedichte M. Lermontows) 1840.

In diesem Gedicht ohne Menschen – wenn man das lyrische Ich außer acht läßt – ist im Strömen der Quelle eine »geheimnisvolle Sage« über ein »friedliches Land« zu vernehmen. Nur so, auf diese indirekte Weise, ist für das Ich so etwas wie ein Glücksempfinden möglich, findet es einen Zugang zu Gott.

84 Ne smejsja nad moej proročeskoj toskoju · Lache nicht über meine prophetische Trauer

Dieses wahrscheinlich 1837 geschriebene Gedicht ist unvollendet geblieben. Erstveröffentlichung 1846 in einem literarischen Sammelband ohne die letzte Zeile mit Auslassungspunkten statt des Wortes »Richtplatz«.

85,12 f. *mag die Menge meinen Kranz zertreten*: Die Menge ist, ähnlich wie bei Puschkin (der synonym für sie auch das Wort Pöbel verwendet), keineswegs das Volk, sondern die verständnislose oder haßerfüllte ›bessere‹ Gesellschaft. Ihr gilt vier Jahre später auch das bittere Gedicht *Leb wohl …*

In seinem großen Gedicht (1837) auf den Tod Puschkins (vgl. S. 66), für das er in den Kaukasus verbannt wurde, stellt Lermontow die vornehme Gesellschaft an den Pranger.

86 Gljažu na buduščnost' s bojazn'ju · **Voll Angst schaue ich auf die Zukunft**

Zu Lebzeiten Lermontows unveröffentlicht. Erstdruck in dem Literaturalmanach *Včera i segodnja* (Gestern und heute) 1845.
Wahrscheinlich Ende 1837 oder Anfang 1838 nach Lermontows Verbannungszeit und Abreise aus dem Kaukasus geschrieben. Eine erste Skizzierung dieses Gedichts lautete: »Meine Zukunft liegt im Dunkeln«.
Die Verwandtschaft mit dem fünf Jahre zurückliegenden Gedicht *Slova razluki povtorjaja · Während sie die Worte der Trennung wiederholt…* (S. 60) ist unübersehbar: Beide Male geht es um eine philosophisch-existentielle Standortbestimmung. Während es dort allerdings heißt: »über die Zukunft mache ich mir keine Sorgen«, hat den Dichter nun die schiere Lebensangst ergriffen, er vergleicht sich mit einem zum Tode Verurteilten. Weder die Vergangenheit, die in dem früheren Gedicht noch einen Halt gab, noch die Gegenwart (keine »verwandte Seele«, »Dunkel und Kälte«, »verwelkt«) bieten Hilfe. Nun bleibt, was zuvor verworfen worden war: die Zukunft, freilich nicht im Sinne eines gläubigen Hoffens, sondern als eines Wartens auf Licht in diesem sinnfernen Dunkel. Es handelt sich um eine neue Stufe der Erkenntnis: Das Ich ist von der theoretischen Diskussion eines metaphysischen Problems zu einer Lebenspraxis vorwärtsgeschritten, die den völligen Verlust seiner Vergangenheits-›Religion‹ mit sich gebracht hat. Immerhin darf in all der Verzweiflung nicht überhört werden, daß hier jemand nach all den bitteren Erfahrungen bereit geworden ist, »ein anderes Leben zu beginnen« – eine überraschende Aussage, fast ein Hilferuf!

88 Kazač'ja kolybel'naja pesnja · **Kosakisches Wiegenlied**

Erstdruck in *Otečestvennye zapiski* (Vaterländische Annalen) 1840, im selben Jahr erschienen in dem Band *Stichotvorenija M. Lermontova* (Gedichte M. Lermontows).
Die Datierung des Gedichts, das bis zum Jahre 1964 unter den 1840 entstandenen Gedichten geführt wurde, ist möglich durch die Tatsache, daß Lermontows Großmutter es in einer eigenen Abschrift an A. M. Wereschtschagina nach Stuttgart schickte.
Einer Überlieferung zufolge soll dieses »Lied« in einer Kosakensiedlung am Terek entstanden sein, in ›authentischer‹ kosakischer Umgebung und Atmosphäre. Der Kritiker Belinskij begrüßte es enthusiastisch.

92 Molitva · Gebet

Erstdruck in *Otečestvennye zapiski* (Vaterländische Annalen) 1839, dann erschienen in dem Band *Stichotvorenija M. Lermontova* (Gedichte M. Lermontows) 1840.

Sowenig man gut dreißig Jahre später in Frankreich dem alten Tunichtgut Paul Verlaine seine im Gefängnis sich vollziehende – und ja tatsächlich nur kurz anhaltende – Rückkehr in den Schoß der Kirche mißgönnt hat (die aber einige seiner schönsten Gedichte zeitigte), sowenig sind die Gegner Lermontows gewillt, Gedichte wie dieses oder das gleichnamige an die Gottesmutter gerichtete von 1837 (nicht in unserer Auswahl) ernst zu nehmen. Im selben Jahr entstand das Gedicht *Est' reči · Es gibt Worte …* (S. 96), in dem die »Harmonie« und die »Kraft« gewisser geheimnisvoller und nur dem Dichter bekannten »Reden«, d. h. Wortfügungen und Sätze, die jene eines Gebets noch übertreffen, zum einzigen Thema werden.

94 Na bujnom piršestve zadumčiv on sidel · Auf dem wilden Festmahl saß er gedankenverloren da

Zu Lebzeiten Lermontows unveröffentlicht. Erstdruck in der Zeitschrift *Sovremennik* (Der Zeitgenosse) 1857.

Nach einem (erfundenen) Bericht des französischen Autors Jean François La Harpe (1739–1803), dem zufolge auf einem Bankett zu Anfang des Jahres 1788 ein Teilnehmer den Ausbruch der Französischen Revolution und das Schicksal der anwesenden Gäste vorausgesagt hätte. Ahnungen und Prognosen dieser Art hat Lermontow in seiner Lyrik des öfteren thematisiert, das bekannteste dieser Gedichte ist *Predskazanie · Weissagung* (S. 30).

96 Est' reči · Es gibt Worte

Erstdruck in *Otečestvennye zapiski* (Vaterländische Annalen) 1841.

Im September 1839 trug Lermontow in das Album von M. A. Bartenjewa die ursprüngliche Fassung dieses Gedichts ein. Für den Abdruck in einer Zeitschrift schrieb er die 3., 4. und 5. Strophe ganz neu. Das Thema des Gedichts erscheint bereits 1832 in einem an »K*« (N. F. Iwanowa) gerichteten Gedicht. Im Jahre 1846 veröffentlichte W. A. Sollogub in einem Sammelband eine dritte, erweiterte Fassung, die Lermontow jedoch verworfen hatte. In Str. 3 des Originals müßte der Genitiv eigentlich heißen: *iz plameni*. Darauf machte ihn sein Verleger aufmerksam, Lermontow jedoch fand keine andere metrisch sich einfügende Lösung und beließ es bei dieser Unkorrektheit.

Im 20. Jahrhundert finden diese Verse ein Echo bei Sinaida Hippius. 1918 schreibt sie ein Gedicht, dessen Titel die erste Zeile von Lermontow wieder aufnimmt:

Es gibt Worte …

Jeder hat seine eigenen Zauberworte. / Sie scheinen nichts zu bedeuten, / huschen sie aber nur leicht durch die Erinnerung – / gleich lacht das Herz und weint …

98 Kak často, pestroju tolpoju okružen · Wie oft, von einer bunten Menge umgeben

Erstdruck in *Otečestvennye zapiski* (Vaterländische Annalen) 1840 und dann, auf den 1. Januar 1840 datiert, in dem Band *Stichotvorenija M. Lermontova* (Gedichte M. Lermontows). Das Autograph ist nicht erhalten.

99,6 *grimassierende Masken:* Das Gedicht entstand unter dem Eindruck des Maskenballs, der an Neujahr in der Adelsversammlung stattfand. Hier sah Iwan Turgenjew den Dichter, woran er sich auf folgende Weise erinnert (*Gesammelte Werke*, Moskau 1956, Bd. 10, S. 331): »Auf dem Ball der Adelsversammlung ließ man ihm keine Ruhe, ständig drängte man sich an ihn, ergriff seine Hände; eine Maske kam nach der andern, er aber rührte sich kaum vom Fleck, und während er seine finster blickenden Augen nacheinander auf sie richtete, hörte er schweigend ihr Gequieke an. Da wollte es mir scheinen, als erkenne ich auf seinem Gesicht den herrlichen Ausdruck dichterischen Gestaltens. Vielleicht kamen ihm gerade jene Zeilen in den Sinn:

Wenn meine kalten Hände
von den längst schon nicht mehr zitternden Händen
der Stadtschönheiten mit lässiger Ungeniertheit berührt werden …
usw.«

Schon 1835 hatte Lermontow in seinem Drama *Maskerade* das maskenhafte Verhalten der Menschen zum zentralen Thema erhoben.

102 I skučno i grustno · Es ist langweilig und traurig

Erstdruck in *Literaturnaja gazeta* (Literaturzeitung) 1840, im selben Jahr erschienen in dem Band *Stichotvorenija M. Lermontova* (Gedichte M. Lermontows).

Dieses jedem Russen vertraute Gedicht, das man als Ausdruck persönlicher Verzweiflung, aber auch als Resignation einer in politisch stagnierender Zeit sich nutzlos vorkommenden Generation lesen kann, erfuhr in Rußland auch parodistische Verballhornungen.

102 Posredi nebesnych tel · Unter den Himmelskörpern

Zu Lebzeiten Lermontows unveröffentlicht. Erstdruck in den *Bibliografičeskie zapiski* (Bibliographische Annalen) 1858.
102,8 *Maslenica:* Butterwoche, Fastnachtszeit; in Redewendungen soviel wie: ein herrliches Leben.
Lermontow ist in der russischen Literatur nicht der erste, der den Mond verspottet: Das hatte bereits einige Jahre zuvor Puschkin in seinem *Eugen Onegin* getan, wo Tatjanas simplere Schwester Olga so beschrieben wird: »Ganz wie eine van Dycksche Madonna: / Ein rundes, strahlendes Gesicht hat sie / wie dieser dumme Mond / an diesem dummen Himmel« (Kap. 3,V). Man darf annehmen, daß Lermontow von dieser Stelle, die ihm natürlich, wie der ganze *Onegin*, bestens vertraut war, zu seinem spöttischen Mondgedicht inspiriert wurde.

104 Otčego · Warum

Erstdruck in *Otečestvennye zapiski* (Vaterländische Annalen) 1840, im selben Jahr erschienen in dem Band *Stichotvorenija M. Lermontova* (Gedichte M. Lermontows).
Von dem Literaturwissenschaftler Boris Ejchenbaum wurde die Vermutung geäußert, das Gedicht sei an M. A. Schtscherbatowa gerichtet. Die Handschrift ist verschollen.

104 Blagodarnost' · Dankbarkeit

Erstdruck in *Otečestvennye zapiski* (Vaterländische Annalen) 1840, im selben Jahr erschienen in dem Band *Stichotvorenija M. Lermontova* (Gedichte M. Lermontows).
Ein in Gebetform Gott entrichteter sarkastischer Dank für all das Erlittene im Leben, mit einer witzigen Pointe. Allerdings, so darf man im Falle des Dichters Lermontow doch fragen: Was wäre ohne diesen bitteren Beigeschmack auch noch im letzten Tropfen Glück? Man kann annehmen, daß er sich dieser Grundvoraussetzung für sein Schreiben sehr wohl bewußt war – Lermontow war kein naiver Dichter, seine Stilisierung zum gefallenen Engel, zu dem sich nach Menschen und nach Glück sehnenden Dämon hat Methode ...

106 Tuči · Wolken

Erschienen in dem Band *Stichotvorenija M. Lermontova* (Gedichte M. Lermontows) 1840.

Einer Überlieferung zufolge soll Lermontow dieses Gedicht am Tag seiner Abreise in die Verbannung im Kaukasus geschrieben haben, und zwar bei einem Abschiedstreffen der Freunde im Hause der Karamsins in St. Petersburg: am Fenster stehend, habe Lermontow angesichts der Wolken über der Fontanka und dem Sommergarten den Text improvisiert. Die Handschrift ist verlorengegangen, von S. N. Karamsina wurde eine Abschrift angefertigt.

108 Zaveščanie · Das Testament

Erstdruck noch zu Lebzeiten Lermontows in *Otečestvennye zapiski* (Vaterländische Annalen). Die Handschrift ist verlorengegangen. Geschrieben unter dem Eindruck von Schlachten in Tschetschenien. Von Belinskij hoch geschätzt wegen seines »kühlen, ruhigen Tons«. In unserer Zeit zählte es K. Paustowskij zu den Meisterwerken des Dichters, besonders die Worte der zweiten Strophe sind für ihn »erstaunlich in ihrer Harschheit, wunderschön in ihrer Trauer«, die »Sparsamkeit der Worte des fern seiner Heimat sterbenden Soldaten verleiht dem ›Vermächtnis‹ eine tragische Kraft« (K. Paustowskij: *Allein mit dem Herbst*, 1963).

110 A. O. Smirnovoj · An A. O. Smirnowa

Erstdruck in *Otečestvennye zapiski* (Vaterländische Annalen) 1840.

Ein kleines Sympathie-, vielleicht gar Liebesgedicht, geschrieben in das Album eines Hoffräuleins, das mit Puschkin, Schukowskij, Gogol und andern befreundet war und zu dessen guten Bekannten auch Lermontow gehörte. Diese Verse, die überwiegend Verneinung, Verzagtheit, Verzicht ausdrücken, wirken auf den ersten Blick nicht weiter bedeutsam. Liest man dieses spielerische Hin und Her zwischen Wunsch und Realität jedoch mehrmals, so gewinnt die improvisierte Miniatur den Charakter eines kleinen Meisterwerks.

112 Rodina · Die Heimat

Erstdruck in *Otečestvennye zapiski* (Vaterländische Annalen) 1841.

Dieses in seinem Charakter wie in Details an Puschkins Fragmente von »Onegins Reise« erinnernde Gedicht entstand während eines kurzen Heimaturlaubs von der Kaukasus-Armee in St. Petersburg. Die erste Strophe zählt Zeile für Zeile auf, worin die Heimatliebe des Dichters *nicht* besteht. Als erstes wird diese Liebe selbst als *seltsam* bezeichnet, möglicherweise eine Replik auf einen Ausspruch Zar Nikolajs I., daß nur ein dummer Mensch die Heimat nicht liebe. Dann wäre die zweite Zeile eine ironisch-geistreiche Vertiefung dieser Antwort auf das kaiserliche Diktum: Die Heimat stellt etwas dar, das nicht nur einem Dummkopf, sondern auch einem mit Verstand begabten Menschen unerklärlich bleibt. Die dritte und vierte Zeile beziehen sich auf die politischen Zustände in Rußland und Europa. Als offizielle Ideologie hatte Nikolaj I. drei Grundprinzipien verkündet: »erstens das *Selbstherrschertum* [...], zweitens die *Orthodoxie* [...] und drittens das *Volkstum* (verstanden als konsequenter nationalistischer Patriotismus, als Oberherrschaft des großrussischen Volkes über jede andere Volksgruppe)« (A. Stender-Petersen: *Geschichte der russischen Literatur*, Bd. 2, München 1957, S. 198). Diese Fortschreibung der Doktrinen der Heiligen Allianz von 1815, deren Initiator Zar Alexander I. gewesen war, und ihre Anwendung auf die russischen Verhältnisse wurde von den Intellektuellen selbstverständlich abgelehnt. Für Lermontow hat weder der vom staatlichen Monarchismus »durch Blut erkaufte Ruhm« noch der »Friede voll stolzen Vertrauens« mit wahrer Heimatliebe zu tun. Aber auch die »vertrauten Überlieferungen der dunklen alten Zeiten«, nämlich die rückwärtsgewandte Idealisierung der vorpetrinischen Geschichte Rußlands durch die aufkommende Bewegung der Slawophilen, versetzt ihn nicht in »freudige Schwärmerei«. Ohne Doktrinen im Kopf und ohne ›Tümelei‹ im Gefühl fährt der Dichter durch das weite russische Land und registriert kühl, was er sieht. Der Schluß verdeutlicht, daß er sich mit seiner Sehweise unter seinesgleichen eher allein fühlt (»Mit einer Freude, die vielen unbekannt ist«), und auch bei den derben Belustigungen der Landbevölkerung bleibt er ein einsamer Zuschauer, kommt es zu keiner Verbrüderung mit den ›Bäuerlein‹ (»mužički«), wie der ›Herr‹, der Lermontow ist, sie – vielleicht unabsichtlich – ein wenig von oben herab nennt. – Dieses Gedicht zählt zu den berühmtesten Rußland-Gedichten und ist dem von Alexander Blok an die Seite zu stellen, der Rußland so anredet: »Auch im Traum bist du ungewöhnlich ...«

114 Iz-pod tainstvennoj cholodnoj polumaski · Hinter der geheimnisvollen kühlen Halbmaske hervor

Zu Lebzeiten Lermontows unveröffentlicht. Erstdruck 1843 in den *Otečestvennye zapiski* (Vaterländische Annalen). Die Originalhandschrift ist nicht erhalten, die Datierung unsicher.

116 **Dogovor · Vertrag**

Zu Lebzeiten Lermontows unveröffentlicht. Erstdruck in *Otečestvennye zapiski* (Vaterländische Annalen) 1842.

Dieses zumindest für Rußland überraschende Gedicht, bei dem man nicht genau weiß, was dem Dichter wichtiger ist: das Engagement für eine von der Gesellschaft nicht sanktionierte Form des Zusammenlebens oder die Provokation als solche, wurde erst nach seinem Tode veröffentlicht. Manche Wendungen und besonders die letzte Strophe könnten von dem Franzosen Paul Léautaud stammen, der in unserem Jahrhundert auf das Phänomen Liebe einen ähnlich kühlen Blick gerichtet hat.

118 **Proščaj, nemytaja Rossija · Leb wohl, du ungewaschenes Rußland**

Es versteht sich von selbst, daß diese kühne politische Haßtirade erst fast ein halbes Jahrhundert nach seiner Niederschrift erscheinen konnte, nämlich im Jahre 1887 in einer Zeitschrift. Die Überlieferungsgeschichte ist kompliziert, es liegen zahlreiche Varianten vor.

119,25 *blaue Uniformen/Paschas:* gemeint sind beide Male die Gendarmen, die Geheimpolizei, die alles sieht und hört.

Es wird angenommen, daß Lermontow dieses Gedicht am Vorabend seiner letzten Abreise in den Kaukasus, den Ort seiner Verbannung, geschrieben hat, nachdem ihn der diensthabende General, Graf Kleinmichel (der Name ist zu beachten), zu sich bestellt und ihm die Order General Benckendorffs, des Chefs der sog. Dritten Abteilung (Geheimpolizei), mitgeteilt hatte, die Hauptstadt innerhalb von 48 Stunden zu verlassen. – Ähnlich hat sich der europamüde Nikolaus Lenau in seinem Gedicht *Abschied* mit dem Untertitel »Lied eines Auswandernden« geäußert, bevor er 1832 nach Amerika reiste (von wo er im Sommer 1833 enttäuscht wieder zurückkehrte): »Sei mir zum letzten Mal gegrüßt, / mein Vaterland, das, feige dumm, / die Ferse dem Despoten küßt / und seinem Wink gehorchet stumm …«

118 **Utes · Der Fels**

Zu Lebzeiten Lermontows unveröffentlicht. Erstdruck in *Otečestvennye zapiski* (Vaterländische Annalen) 1843.

Konzipiert wohl in St. Petersburg kurz vor der letzten Abreise in den Kaukasus. Belinskij zählte diese beiden Strophen zu den besten des Dichters.

120 Son · Traum

Zu Lebzeiten Lermontows unveröffentlicht. Erstdruck in *Otečestvennye zapiski* (Vaterländische Annalen) 1843.
Es wird angenommen, daß Lermontow zu diesem Gedicht durch ein Kosakenlied angeregt wurde, in dem ein tapferer Bursche träumt, er liege, durchs Herz geschossen, tot da.

122 Vychožu odin ja na dorogu · Ich gehe allein auf die Straße hinaus

Zu Lebzeiten Lermontows unveröffentlicht. Erstdruck in *Otečestvennye zapiski* (Vaterländische Annalen) 1843.
Dieses Gedicht, das Lermontow kurz vor seinem Tod im Sommer 1841 schrieb, bezeichnet eine Abschiedssituation, in der der Dichter im Begriff ist, all die Kämpfe, die sein Leben bisher bestimmt haben, hinter sich zu lassen. Was ihn im Jahr zuvor an den Wolken (s. das Gedicht *Tuči · Wolken* S. 106) so bewegte: daß sie keinen Gefühlsverwirrungen ausgesetzt sind, daß sie keine Leidenschaften und deshalb keine Leiden kennen, sondern ewig frei und ewig kühl sind, das ist nun der Wunsch, den er für sich selbst hegt. Doch wünscht er sich keine endgültige Trennung vom Leben, sondern eine Art weiterbestehender gedämpfter Teilnahme am Geschehen, wie es die beiden letzten Strophen sagen. Lermontow kannte und schätzte die Lyrik H. Heines, dessen Gedicht *Ein Fichtenbaum steht einsam* er kongenial ins Russische übersetzt hat. An dessen Gedicht *Der Tod, das ist die kühle Nacht* aus dem *Buch der Lieder* hat er wohl bei der letzten Strophe seines eigenen Gedichts gedacht:

Der Tod, das ist die kühle Nacht,
das Leben ist der schwüle Tag.
Es dunkelt schon, mich schläfert,
der Tag hat mich müd gemacht.

Über mein Bett erhebt sich ein Baum,
drin singt die junge Nachtigall;
sie singt vor lauter Liebe,
ich hör' es sogar im Traum.

Ähnlich sehnt sich das lyrische Ich in Uhlands Gedicht *Frühlingsruhe* von 1812 nach einer Teilhabe am Leben noch im Tod:

O legt mich nicht ins dunkle Grab,
Nicht unter die grüne Erd' hinab!

Soll ich begraben sein,
Lieg' ich ins tiefe Gras hinein.

In Gras und Blumen lieg' ich gern,
Wenn eine Flöte tönt von fern,
Und wenn hoch obenhin
Die hellen Frühlingswolken ziehn.

Lermontows Gedicht hat Rilke unter dem Titel *Strophen* ins Deutsche
übertragen (*Einsam tret ich auf den Weg, den leeren ...*).
Bemerkenswert ist der gelassene, fast heitere Ton, den Lermontow hier
anschlägt: In einem endlich gefundenen Abstand zu sich und der Welt
scheint der lebenslang währende Kampf mit der rätselhaften, dunklen, dä-
monischen Seite unserer Existenz, den er in großen und bewegenden
spätromantischen Bildern und Tönen geführt hat und der ihn zum Antipo-
den Puschkins machte, ein Ende zu finden.

124 Net, ne tebja tak pylko ja ljublju · Nein, nicht dich liebe ich so glühend

Zu Lebzeiten Lermontows unveröffentlicht. Erstdruck in *Otečestvennye
zapiski* (Vaterländische Annalen) 1843.

126 Prorok · Der Prophet

Zu Lebzeiten Lermontows unveröffentlicht. Erstdruck in *Otečestvennye
zapiski* (Vaterländische Annalen) 1844. Geschrieben zwischen Mai und
Anfang Juli 1841.
Lermontows *Prophet* unterscheidet sich von Puschkins gleichnamigem
Gedicht aus dem Jahr 1826 grundsätzlich und in mehrfacher Hinsicht:
Geht es Puschkin darum, die geradezu göttliche Herkunft des dichteri-
schen Worts hervorzuheben und damit die souveräne Unabhängigkeit, ja
Unantastbarkeit des Dichters zu begründen, so legt Lermontow den Ak-
zent auf dessen Ausgestoßensein, seine Außenseiter-Existenz. Entspre-
chend hat bei Puschkin der Dichter einen hohen Auftrag zu erfüllen, an
dem, auch wenn es die unverständige Menge gibt, nicht gezweifelt werden
kann. Lermontows Prophet hingegen setzt seinen Weg dort fort, wo Pusch-
kins Gedicht aufhört (»Seit der ewige Richter ...«) und beschreibt nun
sein Schicksal unter den Menschen, nämlich sein Paria-Dasein. Bei
Puschkin spielt der gesellschaftliche Aspekt nur eine untergeordnete
Rolle, es geht darum, den Dichter, so wie er ihn in seiner höchsten Gestalt
versteht, mit dem Nimbus des göttlichen Heilsbringers zu umgeben. Ler-

montow stellt ihn in jenen Konflikt, der ihn selbst ein Leben lang quälte, und arbeitet die Unvereinbarkeit von Sehertum und bürgerlicher Ignoranz, die ihm mit Hohn und Spott, mit »selbstgefälligem Lächeln« begegnet, in aller Schärfe heraus. Dementsprechend unterschiedlich ist die Stilhaltung, die Syntax und die Lexik der beiden Gedichte: Kann man bei Puschkin fast noch von einer dichterischen Paraphrase der betreffenden Bibelstellen sprechen und wird die von Kirchenslawismen durchsetzte Hochsprache noch einmal, auch im Satzbau, voll zur Geltung gebracht, so sind zwar auch bei Lermontow die Anklänge an die Bibel deutlich, doch ebenso der Versuch, den Gottesmann nicht als Sinnbild für die Erwähltheit des Dichters zu nehmen, sondern ihn in seiner ganzen menschlichen Verlassenheit zu zeigen, in der er kompromißlos seiner (bitteren, ihn isolierenden) Wahrheit lebt. Dieser Mensch wird nicht erhöht, sondern fast schon zu einem Hiob, jedenfalls einem Dulder gemacht, sein Äußeres ist erbarmungswürdig: »dürr und bleich«, »nackt und arm« – der Wortschatz ist schlicht, prosanah – Lermontow steht, obwohl ein sozusagen urromantischer Dichter, dem modernen Lebensgefühl näher als alle anderen seiner Zeitgenossen. Und so mag es nicht zufällig sein, daß man beim Lesen jener Zeile der dritten Strophe: »arm und bloß lief ich fort von den Städten« einen leisen Vorklang späterer Lyrik heraushört, etwa das Gedicht des Franzosen Verlaine: *Kaspar Hausers Lied*, oder gar schon die Verse der Expressionisten. – Dieses Gedicht über das Leiden des Dichters an der Gesellschaft, das als ein Selbstzeugnis gelesen werden darf, mußte einen Kritiker wie Belinskij besonders ansprechen. Er zählte es denn auch zu Lermontows besten Werken und sagt: »Welche Gedankentiefe, was für eine unheimliche Energie des Ausdrucks! Auf diese Verse hat Rußland lange, sehr lange warten müssen!« Der *Prophet* hat zahlreiche spätere Dichter angeregt, unter ihnen Nikolaj Nekrassow, und wurde von den namhaftesten Künstlern Rußlands, darunter Wrubel, Repin und Faworskij, illustriert.

Literaturhinweise

Andronikov, I. L.: Lermontov. Issledovanija i nachodki. Moskau 1967.

Archipov, V.: M. Ju. Lermontov. Poèzija poznanija i dejstvija. Moskau 1965.

Asmus, V.: Krug idej Lermontova. In: Literaturnoe nasledstvo 43–44, (1941) S. 83–128.

Azadovskij, M. K.: Fol'klorizm Lermontova. In: Literaturnoe nasledstvo 43–44 (1941) S. 227–262.

Bodenstedt, F.: Michail Lermontoff. Poet. Nachlaß. Deutsche Übersetzung. Hrsg. von F. B. Berlin 1852.

Brandes, G.: Menschen und Werke. Essays. Frankfurt a. M. 1894. S. 301–308.

Čiževskij, D.: On Romanticism in Slavic Literatures. Den Haag 1957.

Dukmeyer, F.: Die Einführung Lermontows in Deutschland und des Dichters Persönlichkeit. Berlin 1925.

Duchesne, M. E.: Michel Iouriévitch Lermontov. Sa vie et ses œuvres. Paris 1910.

Ejchenbaum, B.: M. Ju. Lermontov. Opyt istoriko-literaturnoj ocenki. Leningrad 1924.

– Literaturnaja pozicija Lermontova. In: Literaturnoe nasledstvo 43–44 (1941) S. 3–82.

– Stat'i o Lermontove. Moskau/Leningrad 1969.

El'sberg, Ja.: Revoljucionnye demokraty o Lermontove. In: Literaturnoe nasledstvo 43–44 (1941) S. 797–826.

Focht, U. R.: Puti russkogo realizma. Moskau 1963. S. 148–224.

– Lermontov. Logika tvorčestva. Moskau 1975.

Garrard, J.: Mikhail Lermontov. Boston 1982.

Gerlinghoff, P.: Frauengestalten und Liebesproblematik bei M. Ju. Lermontov. Münster 1968. (Veröffentlichungen des Slav.-Balt. Seminars der Universität Münster. 9)

Ginzburg, L. Ja.: Tvorčeskij put' Lermontova. Leningrad 1940.

– O lirike. Leningrad ²1974. S. 153–171.

Gregor, R.: Lermontov in Deutschland. 1840–1914. Greifswald 1973.

Guski, A.: M. Ju. Lermontovs Konzeption des literarischen Helden. München 1970. (Slavistische Beiträge. 48.)

Ivanov, S. V.: Lermontov. Žizn' i tvorčestvo. Moskau 1964.

Kotljarevskij, N.: Lermontov. Ličnost' poèta i ego proizvedenija. Moskau ²1912.

Kuenzlen, K.: Deutsche Übersetzungen Lermontovscher Gedichte von 1841 bis zur Gegenwart. Diss. Tübingen 1980.

Lermontovskaja E nciklopedija. Hrsg. von V. A. Manujlov. Moskau 1981.

Levit, T.: Literaturnaja sreda Lermontova v Moskovskom blagorodnom institute. In: Literaturnoe nasledstvo 45–46 (1948) S. 225–254.

Lomanidze, S.: Poėtičeskij mir Lermontova. Moskau 1985.

Makogonenko, G. P.: Lermontov i Puškin. Leningrad 1987.

Maksimov, D.: Poėzija Lermontova. Leningrad 1959.

Mann, Ju. V.: Poėtika russkogo romantizma. Moskau 1976. S. 197–232, 277–279, 306–308.

Merežkovskij, D.: Lermontov. Poėt sverchčelovečestva. Moskau 1911. (Reprint: Letchworth 1979.)

Nejman, D. V.: Vlijanie Puškina v tvorčestve Lermontova. Kiew 1914.

Opitz, R.: Etappen im Schaffensweg Lermontovs. In: Zeitschrift für Slawistik 8 (1963) S. 571–582.

Serman, I.: Michail Lermontov. Žizn' v literature. 1836–1841. Jerusalem 1997.

Setschkareff, W.: Schellings Einfluß in der russischen Literatur der 20er und 30er Jahre des 19. Jahrhunderts. Kraus Reprint der Ausgabe 1939. 1968.

Solov'ev, V. S.: Lermontov: In: Vestnik Evropy 1901. 2. S. 441–459.

Taranovskij, K.: O vzaimootnošenii stichotvorčeskogo ritma i tematiki. In: American Contributions to the 5th International Congress of Slavists. Bd. 1. Den Haag 1963. S. 287–322.

Tomaševskij, B. V.: Proza Lermontova i zapadno-evropejskaja literaturnaja tradicija. In: Literaturnoe nasledstvo 43–44 (1941) S. 469–516.

Vacuro, V.: Rannjaja lirika Lermontova i poėtičeskaja tradicija 20-ch let. In: Russkaja literatura 1964. 3. S. 46–56.

– M. Ju. Lermontov. In: Russkaja literatura i fol'klor (Pervaja polovina XIX v.). Leningrad 1976. S. 210–248.

Venok M. Ju. Lermontovu. Sbornik statej. Moskau/Petrograd 1914.

Veselovskij, A.: Ėtjudy o bajronizme. In: A. V., Ėtjudy i charakteristiki. Bd. 1. Moskau 1912. S. 539–556.

Vinogradov, V.: Stil' prozy Lermontova. In: Literaturnoe nasledstvo 43–44 (1941) S. 517–628.

Zelinskij, V.: Russkaja kritičeskaja literatura o proizvedenijach M. Ju. Lermontova. Moskau 1904.

Žizn' i tvorčestvo M. Ju. Lermontova. Issledovanija i materialy. Moskau 1941.

Nachwort

1831, im Jahr, als sein Vater starb, schrieb der siebzehnjährige Michail Lermontow das Gedicht »Auch wenn ich jemand liebe: / Die Liebe macht mein Leben nicht schön. / Wie ein verpesteter Fleck / brennt sie [...] auf meinem Herzen« (S. 47). Man muß die Strophe, die er dann im Manuskript durchgestrichen hat, mitlesen, um ganz zu verstehen, wie präzis die biographischen, kulturhistorischen, intertextuellen Verweise vernetzt sind, um die anfängliche Selbstdeklamation zu motivieren:

»Ja syn stradan' ja. Moj otec / Ne znal pokoja no konec. / V slezach ugasla mat' moja. / Ot nich ostalsja tol'ko ja / Nenužnyj člen v piru ljudskom.«
(Ich bin ein Sohn des Leidens. Mein Vater / Kannte keine Ruhe, doch das Ende. / In Tränen verlosch meine Mutter. / Von ihnen übriggeblieben bin nur ich / Nutzloses Glied beim Festmahl der Menschen.)

Zum Biographischen: Nur drei Jahre alt war Michail Lermontow gewesen, als seine Mutter, zweiundzwanzigjährig, lungenleidend verstarb. Sie vererbte ihrem Sohn ihre musikalische Begabung, »engelsgleich« erinnert er ihr Lied – »wortlos, doch lebendig« (*Angel · Der Engel,* 1831, S. 51). Michail Lermontow, der die russische Lyrik »von den letzten Resten klassischer Regelmäßigkeit und Harmonie« befreite (Stender-Petersen), der dem russischen Vers durch neue Metren, durch unbekannte Kombinationen bekannter Metren eine ungeheure Musikalität geschenkt hat – er bestimmte die präverbale Faszination von »Klängen« (S. 35) als (wieder) belebend.

Lermontows Vater, der wegen seiner instabilen Gesundheit früh den aktiven Militärdienst hatte aufgeben müssen, führte sein Geschlecht auf einen legendären schottischen Fürst Learmont zurück, der am Kampf gegen Macbeth beteiligt gewesen sein soll. Michail Lermontow nutzte dieses biographische Detail poetisch doppelt – einmal, indem er sich als den Letzten dieses Geschlechtes vorstellte, zum anderen, indem er seine besondere Nähe zum englischen Dichter Lord Byron (1788–1824) unterstrich: 1830 vergleicht Lermontow in einer autobiographischen Notiz die Weissagung einer schottischen Alten, die Byrons Mutter den Ruhm ihres Sohnes vorausgesagt hatte – sowie zwei Ehen –, mit der Auskunft, die seine Großmutter über seine Zukunft von einer weisen Alten im Kaukasus erhalten hatte. Wenn Lermontow 1832 seine Identität mit Byron in einem Gedicht verneint – »Nein, ich bin nicht Byron. Ich bin ein anderer« (S. 59) – und als unterscheidendes Kriterium die eigene, die »russische Seele« setzt, dann will er in der Verneinung nichts anderes als eine doppelte Bejahung. Denn für auserwählt hält er sich gleich dem englischen Dichter, wie für ihn so behauptet er auch für sich als vitales und poetisches Lebenskonzept den Status eines von der »Welt gejagten Wanderer[s]«. Doch Lermontow geht noch einen Schritt weiter und überbietet das existentiell und textuell Vorgefundene: Daß er »früher begonnen« hat, weiß der Achtzehnjährige. Daß er »früher enden« wird, ahnt er, wie überhaupt eine tragische Vorahnung des Kommenden die in ihm verspürten, die ihm begegneten. Der Literaturkritiker Belinskij (»eine stolze Feindschaft mit dem Himmel ließen ihn das fatale Ende verachten und zugleich wissen, daß es unabwendbar kommen würde«) ebensosehr wie der Schriftsteller Nikolaj Gogol, der von irgendeinem Unglücksstern sprach, den Lermontow über sich walten wußte, »eine verhängnisvolle Verbindung des Bewußtseins und des Schicksals«. Eine Selffulfilling prophecy?

Michail Lermontow, im Oktober 1814 in Moskau geboren, wuchs auf im Landgut seiner Großmutter Jelisaweta Arsenjewa im Gouvernement Pensa im fruchtbaren Schwarzerdegürtel an der mittleren Wolga. Diese der berühmten Adelsfamilie Stolypin entstammende Großmutter hatte die Ehe ihres einzigen Kindes, der Tochter Marija, mit einem unvermögenden Offizier wenig goutiert. Kurz nach dem Tod der Tochter komplimentierte sie ihn – mit, wie man sagt, einem Wechsel von 25 000 Rubeln – von ihren Besitzungen und nahm die Erziehung ihres Enkels in ihre eigenen energischen Hände. In den diffizilsten Situationen, in die sich dieser hineinmanövrierte, versuchte sie ihm zu helfen – mit finanzieller

Großzügigkeit und mit ihren ausgezeichneten gesellschaftlichen Kontakten.

Hatte sie ihn zunächst von Hauslehrern auf dem Landgut ausbilden lassen, so übergab sie ihn 1828 zur Erziehung dem Adligen Universitätspensionat in Moskau. Lermontow bestand 1830 die Aufnahmeprüfung in die Moskauer Universität, verließ diese aber aus ungeklärten »persönlichen Gründen« 1832 und wechselte zur Junkernschule in St. Petersburg, die er 1835 als Kornett abschloß. Ebenso wie zum Studium nach Moskau war die Großmutter dem Enkel zur Ausbildung nach St. Petersburg gefolgt.

Die Moskauer Jahre bedeuteten in der poetischen Entwicklung Lermontows eine merkwürdige, stille Zwischenphase. Angefangen »Gedichte zu schmieren« (so seine Selbstaussage) hatte er mit vierzehn Jahren, wie er sich überhaupt eine erstaunliche Frühreife attestierte, wenn er sein erstes Verliebtsein ins zehnte Lebensjahr datierte. Im Moskauer Adelspensionat übersetzte er Friedrich Schillers Gedichte und Balladen. 1830 schrieb er unter dem Eindruck der Poetik des deutschen Sturm und Drang das Drama *Menschen und Leidenschaften* (der Titel auch im Original deutsch), zu dem der Konflikt zwischen dem eigenen Vater und der Großmutter mehr als nur den Anlaß geboten hatte.

Die Universitätsjahre standen unter dem dominierenden Einfluß von Lord Byron: 1824 war der englische Dichter, der die Griechen bei ihrem Aufstand gegen die Türken unterstützen wollte, kurz nach seiner Landung in Mesolongion an der Malaria gestorben. Dieses fatale Ende des von der englischen Gesellschaft geächteten, aus Italien politischer Gründe wegen ausgewiesenen Dichters fügte dem Faszinosum Byrons als Held bzw. dem byronistischen Helden für die russischen Dichter eine weitere Facette hinzu. Bei Puschkin waren Byrons Dichtungen für seine eigenen Poeme stimulierend gewesen, die er während seiner Verbannung in den Süden geschrieben hatte – doch wandte er sich immer mehr von der Vorbildlichkeit Byrons ab und unterwarf den byronistischen Helden zunehmend der Kritik. Ganz anders Lermontow – er fand in dem Psychogramm des Exzentrikers ein für sein eigenes Weltverständnis relevantes Paradigma – das des dämonischen Helden.

Mehr als zehn Jahre lang hat Lermontow an der Verserzählung *Der Dämon* gearbeitet, hat acht verschiedene Fassungen erstellt über die tragische Liebe eines Dämons, eines alttestamentarischen Rebells, des gefangenen Engels, zur georgischen Fürstentochter Tamara, um deren Zuneigung er ringt und die er doch mit seinem ersten Kuß tötet. Der dämonische Held wird auch noch im Zentrum von Lermontows Novellen-Roman *Ein Held unserer Zeit* (1840) stehen, der den Beicht-Diskursen Dostojewskijs wesentliche Impulse vermittelt hat (Hansen-Löve).

Der symbolistische Maler Michail Wrubel macht in seinem Ölbild *Der sitzende Dämon* (1890) etwas von der Positionierung sichtbar, die bereits das frühe Gedicht Lermontows *Moj Demon · Mein Dämon* (1829) bestimmt, das am Anfang dieser chronologisch angelegten Lermontow-Gedichtauswahl steht. Es ist das Possessivpronomen »Mein«, so explizit in den Titel gestellt, das signalisiert, wie sich der Dichter der Fülle der Prätexte bewußt ist (zu nennen wären zumindest Milton, Goethe, Byron), wie er aber auch den Dämonismus als ein ganz persönliches Problem ansieht (»Der romantische Dämonismus war prinzipiell autobiographisch«, vermerkt der Literaturtheoretiker und -historiker J. Lotman und führt weiter aus: »Die Romantik poetisiert das Böse, überzeugt, daß das große Verbrechen poetischer sei als die kleine Wohltat«). Lermontow bezieht sich, wie nicht zuletzt das Motiv der »rauschenden Wälder« signalisiert, auf das gleichnamige Gedicht Puschkins aus dem Jahr 1823. Doch während bei Puschkin die Momente des dichterischen Anfangs markiert sind (»In jenen Tagen, als mir neu waren alle Eindrücke des Daseins [...], damals begann mich ein böser Genius heimlich zu besuchen«), siedelt Lermontow seinen Dämon an zum Zeitpunkt des »Danach«: »In gelben, *abgefallenen* Blättern / steht sein regloser Thron; / auf ihm, wie zwischen *erstorbenen* Winden, / sitzt er finster und verzagt« – sein Element wird als »Ansammlung von Asche« bestimmt (S. 9).

Den gleichen Befund der End-Markierung erbringt auch der Vergleich von Puschkins und Lermontows Gedichten mit den identischen Titeln *Der Prophet* (1826 bzw. 1841) – ein Vergleich, den (Tjuttschews Gedicht noch einbeziehend) Andrej Bitow seinem Haupthelden im Roman *Das Puschkinhaus* aufträgt. Während

Puschkin sich dem Augenblick der Inspiration mit all ihren körperlichen Details widmet, konzentriert sich Lermontow auf den sozialen Aspekt – die Verachtung, die der Inspirierte in der Menge erfährt, wenn er den Kindern didaktisch als warnendes Beispiel vorgehalten wird: »Schaut ihn nur an, Kinder: / Wie unwirsch er ist, wie dürr und bleich! / Seht nur, wie nackt und arm er ist, / Und wie ihn alle verachten!« (S. 129).

Wenn Beginnen – und Enden – von Lermontows Dichten durch die intertextuelle Auseinandersetzung mit Puschkin bestimmt ist, bildet das Gedicht, das er dem Duell-Tod Puschkins widmete (1837), den eigentlichen Achsenpunkt im Leben wie im dichterischen Schaffen Lermontows. Im Februar 1837 läßt sich Puschkin von einem Verehrer seiner Frau zu einem Duell provozieren; an den Verletzungen, die er dabei erlitten hat, stirbt er qualvoll. Nur wenige Tage später schreibt Lermontow sein Gedicht *Smert' poëta · Der Tod des Dichters* (S. 66), in dem er den kaiserlichen Hof mit seinen Intrigen für diese kulturelle Katastrophe verantwortlich macht. Als er erfährt, das sein eigener Verwandter den Mörder Puschkins rechtfertigt, fügt er dem Gedicht die vernichtenden sechzehn Schlußverse an. Sie vor allem sind es, die den Zaren, der von diesem Gedicht, das handschriftlich unter den Freunden Lermontows und Puschkins zirkulierte, so erbitttern, daß er sich für eine Versetzung Lermontows in den Kaukasus ausspricht, wohl meinend, daß er dort in den grausamen Kämpfen mit den aufrührerischen Bergvölkern den Tod findet. Lermontow, der bereits als Junge mehrfach den Kaukasus, den Topos der wilden unbezähmbaren Natur, des Aufruhrs, der Freiheit und der Einsamkeit bereiste, der selbst dieser Landschaft die Erinnerung an die verstorbene Mutter eingeschrieben hatte: »In Kinderjahren verlor ich die Mutter. / Aber es kam mir so vor, daß in rosiger Abendstunde / jene Steppe mir die der Erinnerung teure Stimme wiederholte. / Dafür liebe ich die Gipfel jener Felsen, / liebe ich den Kaukasus« (*Kavkaz · Der Kaukasus*, S. 13) – Lermontow zeichnete sich in den Kämpfen der nächsten Monate durch besondere Verwegenheit und Tapferkeit aus. Seine Großmutter erreichte schon nach wenigen Monaten seine Rückversetzung in den Norden. Nun war Lermontow ein schlagartig bekannt gewordener junger Dichter, der sich jedoch – durchaus snobistisch – von allen literarischen und politischen Gruppierungen fernhielt.

1840 duelliert sich Lermontow mit dem Sohn des französischen Botschafters. Er muß Erklärungen abgeben, verliert zwar seinen militärischen Rang nicht, wird aber erneut in den Kaukasus abkommandiert. Militärische Auszeichnungen, für die er vorgeschlagen war, erhält er nicht. Anfang 1841 ist er wieder in St. Petersburg; er denkt daran, seinen Abschied zu nehmen und ganz literarisch und publizistisch tätig zu werden: Im Oktober 1840 war sein erster Gedichtband veröffentlicht worden (der einzige zu seinen Lebzeiten), und die Zensurgenehmigung für die Zweitauflage des Romans *Ein Held unserer Zeit* lag vor. Doch um den 11. April 1841 muß er auf Allerhöchsten Befehl Petersburg innerhalb achtundvierzig Stunden verlassen: Sein Gedicht, das er nach einem Neujahrsmaskenball geschrieben hatte, an dem auch zwei Töchter des Zaren anwesend waren, rief mit seinem Abscheu vor der Gesellschaft den Zorn des Herrschers hervor: »Oh, wie verlangt es mich da, ihre Lustbarkeit zu stören / und ihnen tollkühn eiserne Verse ins Gesicht zu schleudern, / getaucht in Bitterkeit und Wut!« (S. 101).

Lermontow wurde ein weiteres Mal in den Kaukasus strafversetzt; dieses Mal endgültig, die Großmutter konnte keine Verschonung erwirken. Weil sie krank war, konnte sie nicht einmal zum Enkel reisen, um Abschied zu nehmen.

Auf der Fahrt in den Kaukasus sagte Lermontow zu dem späteren Slawophilen Samarin über den gegenwärtigen Zustand Rußlands: »Das Schlimmste ist nicht, daß eine bestimmte Anzahl von Menschen geduldig leidet, sondern daß eine große Menge leidet, ohne es zu wissen.«

Lermontows Abschied von Rußland ist also bitter: »Leb wohl, du ungewaschenes Rußland, / du Land der Sklaven, Land der Herren, / und ihr, ihr blauen Uniformen, / und du, ihnen ergebenes Volk« (119). Die Hoffnung, sich »hinter der Wand des Kaukasus« vor Verfolgern verbergen zu können, schlug fehl: am 1. Mai kam Lermontow in Pjatigorsk an, am 15. Juli starb er bei einem Duell – weniger wohl aus politischen Gründen als seiner sarkastischen Ironie wegen, die den Kontrahenten so gekränkt hatte.

Nicht einmal siebenundzwanzig Jahre alt war Michail Lermontow geworden. Im Jahr nach seinem Tod ließ die Großmutter den Leichnam auf ihr Gut überführen, drei Jahre später wurde sie dort in der gleichen Gruft wie ihr Enkel bestattet.

Zu den Gedichten: Unterteilt man mit Ėjchenbaum Lermontows lyrisches Œuvre in eine frühe und eine reife Phase (die Maximow mit dem *Tod des Dichters* beginnen läßt), dann fällt zunächst der quantitative Unterschied auf; Lermontow schrieb im Unterschied zum frühen »Gewimmel kurzer lyrischer Gedichte« (G. Brandes), von denen er übrigens keines in seine Gedichtedition von 1840 aufnahm, zwischen 1836 und 1841 (nur!) etwa achtzig lyrische Gedichte, besonders wenige in den Jahren 1838 und 1839, da er damals an seinem Roman arbeitete.

Es bleiben die gleichen Motive dominierend: Einsamkeit – Täuschung und Enttäuschung – Leiden – Unbehaustsein – Unterwegssein – Tod. Verändert hat sich partiell die Rhetorik, die stärker deklamatorisch wird, verlagert hat sich auch die Thematik insofern, als die autobiographische Komponente, der Beicht- und Bekenntnisgestus gegenüber der sozialkritischen Perspektive schwächer wird.

Ein sehr wichtiger Wert für Lermontow ist zweifelsohne der der Freiheit, die die Dimension der Unbeschränktheit, Bewegungsmöglichkeit und Dynamik hat. Auch wird klar, daß der Begriff der »Ruhe« (außer in dem Gedicht *Moj dom · Mein Haus,* S. 36) durchaus ambivalent erscheint – hier könnte man wieder auf eine intertextuelle Relation zu einem späten Gedicht Puschkins hinweisen, der sich nur »Ruhe und Freiheit« wünscht, wobei er nicht anders als Lermontow »Freiheit« im aktuellen gesellschaftspolitischen Zustand für nicht realisierbar hält.

Für den deutschen Begriff »Freiheit« kennt das Russische zwei Formen, die stärker philosophisch, kulturhistorisch bestimmte *svoboda,* und die eher der Folklore zugehörige *volja* (man könnte diese auch mit Willkür übersetzen).

Festzuhalten aber ist, daß Lermontow sicher gegen Zwänge aufbegehrt und rebelliert, daß er aber nicht zum Bundesgenossen politisch-revolutionärer Bewegungen wird (man lese nur das von apokalyptischem Horror erfüllte, das erste politische Gedicht Lermontows *Predskazanie · Weissagung,* S. 30). L. Ginzburg, die in der russischen Kultur und Literatur Mitte der dreißiger Jahre des vorvergangenen Jahrhunderts (der Dekade der Resignation nach dem gescheiterten Putsch der Dekabristen, die 1825 die Thronübernahme durch Nikolaus I. nicht hatten verhindern können) drei Strömungen nach deren wichtigsten Vertretern unterscheidet (»Lermontow: revolutionäre Romantik / Stankewitsch: romantischer Idealismus / Herzen: romantischer Sozialismus«) – sie unterstreicht, daß Lermontow das Problem der Persönlichkeit profiliert hat. Ihn beschäftigt weniger als noch Puschkin die Frage, was eine dichterische Persönlichkeit ausmacht, sondern er konzentriert sich auf die unterschiedlichsten Erscheinungsformen des einsamen Kämpfers, der nach einem geliebten Gegenpart sucht und ihn oft, und nur flüchtig, in der anthropomorphisierten Natur findet (z. B. *Utes · Der Felsen,* S. 118), während menschliche Liebesbeziehungen bis zum Zynismus eines Vertrages gehen können (*Dogovor · Vertrag,* S. 116).

Das Zentrum von Lermontows lyrischem Welt-Bild stellt die Leere dar, die leere Gegenwart, verdeutlicht in der Allegorie *Čaša žizni · Der Kelch des Lebens*: »[...] dann sehen wir, daß / der goldene Kelch leer, / daß der Trank darin ein Traum / und daß er nicht der unsrige war!« (S. 41) – oder auch in der frühen *Elegie*: »Aber für mich ist die ganze Welt leer und langweilig (S. 11). Der leere Gegenwartsort läßt die Exotik wünschenswert erscheinen – wie den Kaukasus, die Transzendenz – den Himmel und die Sterne – und deren Künder, den immer wieder beschworenen Glockenklang (z. B. *Kto v utro zimnee · An einem Wintermorgen,* S. 48).

Lermontow, der prophetische Träume kannte und beschrieb (*Ne smejsja nad moej proročeskoj toskoju · Lache nicht über meine prophetische Trauer,* S. 84) – er sah sich selbst als Unzeitgemäßen (»meine müde Seele; wie eine frühe, / ihres Safts beraubte Frucht / ist sie verwelkt«, S. 87) und spricht deshalb von der »Angst«, mit der er auf die Zukunft schaut, und der »Trauer«, mit der sein Blick in die Vergangenheit gerichtet ist (S. 87).

Diese Einsamkeit, die er hervorhebt, wird in seinen Gedichten

auch stilistisch markiert durch die mehrfachen expliziten Vernei-
nungen – sei es, wie bereits vermerkt, in seiner Unterscheidung
von Byron – sei es in der Zurückweisung der Geliebten, die nur
eine Verkörperung einer Erinnerten ist (*Net, ne tebja tak pylko ja
ljublju · Nein, nicht dich liebe ich so glühend*, S. 124).

Lermontows Poetik bestimmt das Ende der russischen Romantik.
All das für sie Spezifische (wie etwa die radikale Isolierung, die
»Unbezüglichkeit«) nimmt Lermontow auf und treibt es bis zum
Äußersten vor. Éjchenbaum des weiteren meint, daß Lermontow
mit Versatzstücken fremder und eigener Texte arbeitet, sie neu ar-
rangiert und zu einem besonderen Klingen bringt, das Potenzen
magischer Energie habe.
Hatte die Literaturpolemik der zwanziger Jahre noch die klassi-
zistische Ode (Küchelbecker) gegen die sentimentalische Elegie
(Batjuschkow) ausgespielt, so hält sich Lermontow an solche
Genreunterscheidungen nicht mehr. In seine Verse holt er narra-
tive Sujets – die Ballade vom »Gast« (S. 24), und er gibt auch an-
deren Sprechern eine Stimme, der Kosakenmutter (*Kazač'ja koly-
bel'naja pesnja · Kosakisches Wiegenlied*, S. 88), dem einfachen
Soldaten in der Schlacht gegen Napoleon (*Borodino*, S. 72 – jenem
Gedicht, das Lew Tolstoj als das Samenkorn für sein Epos *Krieg
und Frieden* bezeichnete), dem sterbenden Offizier (*Zaveščanie ·
Das Testament*, S. 108). Die Polyperspektivik nutzt Lermontow
ganz explizit in seinem Roman mit dem so ironischen Titel *Ein
Held unserer Zeit.*
Diese finale Pôsitionierung im Ganzen der Romantik läßt Ler-
montows Stellung der von Heinrich Heine vergleichbar erschei-
nen. 1840 las Lermontow Heines *Buch der Lieder*, übersetzte
einige Gedichte und unterstrich vor allem die Ironie des dichte-
rischen Duktus im Original, die anderen Übersetzern verborgen
geblieben war.
Von Goethe, den Lermontow offensichtlich nicht allzusehr
schätzte, dessen *Werther* er aber Rousseaus *Heloise* als mensch-
licher vorzog, hat er nur ein Gedicht übersetzt – dieses aber
musikalisch kongenial: »Über allen Gipfeln ist Ruh: »Gornye
veršiny / Spjat vo t'me nočnoj; / Tichija doliny / Polny svežej

mgloj; / Ne pylit doroga, / Ne drožat listy / … / Podoždi nemnogo / Otdochneš' i ty.«

Die Musikalität von Lermontows Versen mag erklären, warum sie so oft vertont wurden, manche, das »Gebet« (S. 92), etwa von mehr als 40 Komponisten, u. a. von A. Rubinstein, M. Glinka, M. Musorgskij, F. Liszt (nach einer Übersetzung von F. Bodenstedt).

Die so eingängige Melodik und Rhythmik erklärt andererseits aber auch, warum Lermontows Gedichte besonders oft parodiert, ins Satirische gewendet wurden (das *Kosakische Wiegenlied* z. B. von Alexander Herzens Mitstreiter Nikolaj Ogarew).

Wenn der sozialkritische Dichter des auf die Romantik folgenden Realismus Nekrasov sich Lermontow zum Vorbild nahm, seine Texte, einzelne Zeilen, einzelne Bilder, Metren ironisch-satirisch verfremdete, dann macht er eben damit ihre Virulenz, ihre Präsenz im Leser- und Hörerbewußtsein deutlich.

Unter den russischen Symbolisten wurde Lermontow vor allem von Alexander Blok geschätzt, der über das Prinzip des Dämonischen reflektierte, die Dynamik von Revolutionen verstehen wollte.

Der symbolistische Dichter und Kunstkritiker Mereschkowskij sah in der Poetik Lermontows Positionen Nietzsches vorausgenommen und titelte seinen Essay *Der Dichter des Übermenschentums* (1911).

Majakowskij, nach dessen Selbstmord Boris Pasternak das Gedicht mit dem Lermontow-Titel *Der Tod des Dichters* schrieb, identifizierte sich mit Lermontows Verständnis des Dichters als Propheten, Marina Zwetajewa mit dessen Verwaistheit. Pasternak aber, dessen Vater Werke von Lermontow illustriert hatte, widmete seinen Gedichtband *Meine Schwester – das Leben* Lermontow – vor allem dessen Persönlichkeit, eine Kategorie, die – so meint Pasternak wie die zitierte L. Ginzburg – Lermontow für die russische Kultur und Literatur erst entdeckt hat.

Johanna Renate Döring-Smirnov